元自衛官しか知らない

自衛隊装備の裏話

あかぎひろゆき

まえがき

賛否両論の中、イラクに派遣された自衛隊。現地に到着したばかりの彼らの服装をニュース報道で見て、筆者はテレビに釘付けとなった。陸上自衛隊の隊員が、派遣前から一部マニアの間で噂だった新型の防弾チョッキを着用していたからだ。

従来、自衛隊が装備してきた「戦闘防弾チョッキ」は、主として手榴弾・砲弾などの破片やせいぜい小口径の拳銃弾からしか身体を防護できない物であった。それに対してこの防弾チョッキ、前後に追加装甲プレートを装着すれば小銃弾の貫徹をも防げるという。

従来からわが国の軍事・防衛についての関心は、戦車や戦闘機・護衛艦といった正面装備、つまり第一線で直接戦闘に関わる兵器などにのみ向けられてきたといっても過言ではない。今回のイラク派遣に係る報道においても、この傾向は顕著であり、隊員が携行する小銃や対戦車火器・軽装甲機動車といった類いは、軍事マニアのみならず各種メディアも注目し、こぞって取り上げた。

しかし、防弾チョッキなど、隊員の生命を守る重要な装備に注目したメディアがどれほど存在したであろうか？　ゴーグルや砂漠仕様の半長靴といった、現地の過酷な自然環境から隊員を防護する個人装備を紹介するような報道は、筆者の知る限りでは一部を除き皆無に等しい。

本書は、隊員にとってもっとも身近でありながら、これまであまり紹介されることがなかった自衛隊の被服・装具について、元自衛官である筆者の見聞を交えながら、主として個人装備を中心に記述したものである。

一話完結形式かつ豊富な写真や図解により、平易に理解できる内容を目指したつもりだが、図鑑的要素を求めるマニア諸氏には少々物足りないかも知れない。

また、被服・装具の図版は、自衛隊の補給カタログを参考に描いたのでかなり正確かと思うが、二〇年振りにイラストを描いたこともあり、服装例の人物はデッサンの狂いが酷い。この点は笑って御容赦いただきたい。

一口に陸・海・空自衛隊の被服・装具といってもその種類は膨大多岐にわたり、そのすべてを網羅することは不可能であり、紙数の都合で写真や図解を省略し、簡単な記述のみに止めたものもある。自衛隊で需品業務に携わる現場担当者の参考資料としてはあまり役に立ちそうもないが、自衛隊の被服・装具を細部まで詳解した前例のない一冊であると自負している。

さらに、単なる解説に留まらず、問題点や改善方法についても言及したので、今後の開発・改善の参考にもなればと思う次第である。一般読者やマニア諸氏のみならず、自衛官・事務官などの隊員諸官にもぜひ御一読いただきたい。なお、今回電子書籍化するにあたっては、電子書籍化にあたっては、最新情報を加筆した。「被服・装具」という身近な自衛隊装備を通じ、現場で活躍する隊員の苦労の一端でも御理解いただけたら幸いである。

著者

目次

1　軍用被服・装具に要求される条件

本書は、自衛隊で使用される制服から作業服に至るまでの被服と、弾帯から弾入れ、背嚢《はいのう》といった隊員が身につける装具について、分かりやすくかつ面白可笑しく解説した研究資料である。筆者自身まだまだ研究不足の感はあるが、自衛隊の被服・装具についてこれから100項にわたり読者諸氏に紹介するとともに、一緒に考察していこうと思う。

さて、自衛隊の被服・装具は防衛庁規格（NDS＝National Defense Standerd）および防衛庁仕様書、陸海空自衛隊の仕様書などに基づいて作製されている。一般的に、軍用被服・装具は戦場という非日常の過酷な環境下で使用される物である。それは世界各国共通であり、自衛隊の被服・装具とて例外ではない。したがって、その要求仕様は民生品の比ではなく、物によってはかなり厳しいスペックを要求される。といっても、読者諸氏にはピンとこないかも知れない。

戦闘車輛などの正面装備であれば、超壕能力や登坂能力あるいは航続距離といった数字で表すことが可能なのだが、被服・装具の場合は、漠然とした要求仕様が存在したりするから分かりにくい。例えば、「着用感良好で、長時間の着用による疲労が少ないこと」という具合で、これは隊員個々によって感じ方が異なるから、開発担当者は大変である。だから、被服・装具の開発は、ある意味、武器などの正面装備よりも難しいのではなかろうか。

現在では国際条約の批准により廃棄してしまったが、かつて自衛隊は対人地雷を保有していた。装備品は何でもそうだが、要求仕様を満たしているか実用試験をしながら開発するものである。この対人地雷の場合でいえば、一般的には、どこの国でも殺傷効果の判定には豚などの動物に踏ませて実験する。

では、防弾チョッキや鉄帽（ヘルメット）の耐弾試験はどうしているのだろうか？　まあ、ゼラチンで人体を模した物に着せて試験するところだろうが、外国では死刑執行前の死刑囚に着せて射撃し、効果を確認した後に改めて死刑執行する国もあるようだ。これは、わが国ではまず不可能である。だからといって、豚に着せてそれを標的に射撃しているわけでもなさそうだ。とにかく要求仕様を決定する方も、それに基づいて開発を担当する方も、どちらも大変であるのは間違いないといえよう。

2 「官品」とは？「PX品」とは？

官品とは、官給品の略語である。簡単にいえば、国が調達し部隊および個人に対して支給あるいは貸与した一切の物をいう。その官品は、二種類に大別できる。主として防衛庁規格（NDS＝National Defense Standerd）および陸海空自衛隊の仕様書などに基づいて業者に製造させた「防衛専用品」と、「一般市販品」である。その種類は、前者の国有財産たる車輌および航空機、艦艇などの武器や器材から、後者の庁用物品や営舎用品、果ては消耗品たるトイレットペーパーに至るまで膨大多岐にわたる。

米軍基地の一般開放、いわゆるオープンハウスの際に感じることだが、米軍の基地売店などの厚生施設の充実ぶりには目を見張るものがある。よく米軍基地を評して、さながら「一つの街」のようだと形容するが、正にその通りである。なにしろ映画館やボーリング場まで存在するのだ。米軍の売店はカテゴリーごとに一つの独立した建屋となっていて、規模からいえば、自衛隊のそれとは比較にならない。

その売店を米軍では「PX（Post Exchange）」と称し、陸自においてもそう通称される。同様に、空自では米空軍に倣い「BX（Base Exchange）」と称している。ちなみに米海軍では「Navy Exchange」と称し、伝統墨守の海自は艦艇内の小さな売店を旧帝国海軍同様、「酒保《しゅほ》」と称するが、陸《おか》基地の売店は単に「売店」と呼んでいるそうだ。もっとも、陸海空の駐屯地および基地などでの制式名称は厚生センターだったりするが。

従来、自衛隊のPXは、防衛庁共済組合の直営による直営売店と、民間業者による委託売店に区分されていた。最近は、どこの駐屯地や基地のPXも直営売店を廃して集中レジ化やコンビニ化が進み、二四時間営業ではないとはいえセブン-イレブンなどの大手も参入している基地もあるほどだ。

さて、PX品とは広義には隊内売店で販売されている物品のことである。しかし、日用品から家電製品や自家用車に至るまでのすべての取扱商品をこう称するのではない。本書でいうところのPX品とは、隊員が訓練や演習などに使用する被服および装具類といった身近な防衛専用品であり、売店などで自費購入する私物品をさす。したがって、73式小型トラック（いわゆるジープ）が個人で買える価格だからといって、PX品として売ってはいない。残念だが当たり前の話だ。

ところで、PX品は防衛庁規格および陸海空自衛隊の仕様書に基づいて防衛庁共済組合が業者に製造させた「官品同様品」と、それに類似した「類似品」に分類される。ミリタリーショップなどで販売されている自衛隊の被服および装具類はほとんどがこの類似品である。

最近では、自衛隊のＰＸでもコスト削減のためか、中国製の類似品が多数販売されるようになってきており、官品同様のＰＸ品は入手困難になってきているようだ。隊員が国から貸与される官品には、鉄帽なら一式、作業服なら二着といったように、一人あたりの支給定数が定められている。しかし、作業服が二着では、明らかに不足である。当然ながら、雨の中での訓練では服が濡れる。その服をもう一着の物に着替えて翌日また訓練をする。営庭（グラウンド）の地面は泥沼状態、そこで戦闘訓練しようものなら作業服も泥だらけ。しかし、昨日洗濯した服はまだ乾いてなければ、着替える服もない。

ＰＸ品は、これら官品の不足を補うために隊員が自費購入する物である。だから、ＰＸ品といえども官品と同等の規格で製造され、品質も同等であることが望ましいのだが、前述の通り、昨今のＰＸ品には中国製の物が多く、お世辞にも高品質とはいえない。官品だって諸外国の物と比較して質が劣る物があるのに、これでは自腹で購入した隊員が可哀想である。

イギリス軍も、自衛隊同様官品の質がよくなかったり使い勝手が悪かったりすることから、兵隊が私物のＰＸ品を多用することで有名だが、こちらはまだまだ中国製は少ないようだ。それだけ自衛隊よりはマシな状況といえるだろう。

3 「制帽」ではなく「正帽」

自衛隊においては、制服を着用する際に被るつば付きの帽子を「制帽」ではなく、「正帽」と称する。まあ別に制帽であろうが正帽であろうが、文書で記述する場合でもなければ区別する必要はないから、どうということもないのだが。

さて、その正帽だが、形状に関しては諸外国の物とさほど変わらない。ただし、陸海空とも階級によって細部が異なる。正帽には顎紐《あごひも》が付いているが、一般の曹士隊員のそれは黒色をしている。幹部自衛官の正帽はこれが金色となり、佐官の幹部となれば廂《ひさし》部分に柏葉のモールが追加される。将官ともなると、さらにこのモールが立派な物となり葉の数も増える。このため、正帽だけで遠方からでもおおよそ階級の識別が可能である。

また、帽章も幹部の物は造りが丁寧で高級感がある。個人的には、旧軍でチェコ型と称した「まち高」のスタイルを復活させて欲しいと思っている。

ところで、第二次世界大戦中の米軍やドイツ軍の制帽に

陸上自衛隊の帽章。幹部自衛官のものはより高級感がある

は、クラッシュ・キャップと称する物が存在した。これは、見た目は制帽と変わらないのだが、一種の野戦帽である。一般的な軍隊の制帽には、型崩れを防止するための芯が入っている。それに対し、クラッシュ・キャップにはこの芯が最初から存在しないため、帽子の本体をクシャッと畳んで携行できる。つば部分は普通の制帽より柔らかいとはいえ、さすがに折り畳むわけにはいかないが、制帽よりもかさ張らないのが利点である。

しかし、このクラッシュ・キャップ、このクシャッとした着用スタイルがだらしない印象を与えるからなのであろう、ベテランの将校や下士官には愛用されたが、軍のお偉方には不評であったようだ。筆者は、このように着崩したラフなスタイルというのも味があって粋ではないか、と思う。いかに軍隊であっても、統制を必要としない場合においては兵隊の服装にもある程度裁量の余地があってよいと思うのだが、自衛隊ではクラッシュ・キャップはまず採用されることはないだろう。

クラッシュ・キャップ（野戦帽）をかぶるドイツ兵。一見、制帽のようだが、ワイヤーが入っていないため、ふにゃふにゃしている
（Photo：Bundesarchiv）

4　米軍貸与品から始まった黎明期の被服と装具

一九五〇年、つまり昭和二五年、皇紀だと二六一〇年だがこの年に勃発したのが朝鮮戦争である。この戦争が契機となって自衛隊の前身たる警察予備隊が発足したのは、読者諸

氏もよくご存知であろう。この年の夏、ＧＨＱのポツダム政令により警察予備隊令が公布され、隊員の募集が開始された。北朝鮮が三八度線を奇襲突破してわずか一ヶ月足らずのことである。一任期二年の勤務で退職金が六万円と当時としては破格だったこともあり、募集定員の五倍もの応募者があったそうで、隊員の募集には困らなかったという。

困ったのは、入隊して来る隊員に交付する被服・装具の準備である。なにしろ短期間に組織を立ち上げる必要がある。警察予備隊の当初の定員は七万五千名で、その人数分の被服・装具を調達しなければならないのだから、これはもう大変である。当然ながら、ゼロから独自の仕様で開発していては間に合わない。

そこで、米軍から提示された被服見本を参考とし、仕様を定めることとした。その際の仕様書は単に納入の添付書類にすぎず、現在の防衛庁仕様書と比較し、実に簡素な物であったそうだ。防衛庁仕様書では、材質や色などのスペックを事細かく指定しているのに対し、極言すれば「とにかく米軍と同じ物を作れ」程度の仕様書であったから、かなり劣悪な品質の物も納品されたようである。この、不完全な仕様書に材質の不良も相まって、部隊ではかなり不評であったという。まあ、緊急調達ともいえる切迫した状況であったから、これも仕方なかったのかも知れない。

その被服はどうであったか。帽子こそ旧軍の戦闘帽と同型デザインではあったが、夏服は、米軍の開襟ワイシャツ風の制服を模倣した物で、冬服は、かのアイゼンハワー将軍が着用していたことからアイク・ジャケットと俗称される、丈の短いジャンパー・スタイルの制服を模倣した物であった。

このように、戦後の国産被服は米軍スタイルの模倣から始まったが、品質までは米軍並みとはいかなかったようだ。こうして当初から国産被服が調達されたが、すべてが国産品ではなかったようだ。特に、当時米軍が大量に在庫を抱えていたＭ43フィールド・ジャケットは、訓練用被服として供与された。また、それ以外にも、数量の不足を補うため相当数の米軍供与品がこれに充当されたばかりか、補給上の手違いで国産品と供与品が混在して支給（貸与）されたりしたという。甚だしいのとなると、上下が極端に異なるサイズであったり、ズボンのみ二着支給されたりと、相当混乱した部隊もあったという。

この時代、旧軍人の公職追放が解除され、隊員の中には旧軍経験者が相当数存在していた。彼らは、旧軍時代に自分が着用していた軍帽や軍衣袴の号数、すなわち大、中、小とか一号、二号、三号といったサイズを覚えていたので、あらかじめそれを申告しておき、届いた物を受領するわけだ。しかし、前述の通りの混乱ぶりであったから、中といっても米軍サイズのミディアム（M）で馬鹿デカかったり、旧軍の二号より大きめにできていたりで大騒ぎであったようだ。

5　国鉄職員と間違えられた58式制服

保安隊から現在の自衛隊となってまだ間もない頃のことである。当時、独身で隊内に起居する営内者の自衛官は、私服での外出は認められず、制服で外出しなければならない規則であった。当時の日本では、まだ厭戦気分が蔓延しており、PKOやイラク派遣などで自衛隊が活躍する現在では考えられないことだが、制服で街を歩けば「税金ドロボー」と石を投げられた時代であった。

これは何も冗談ではなく実際の話で、もう退官した筆者の大先輩は、投げつけられた石が見事に命中し、額から出血して外出を楽しむどころか、這々《ほうほう》の体《てい》で駐屯地へ帰ったそうだ。だから、彼らの中には下宿と称したアパートを数人で借りて、そこで私服に着替えてから街へと繰り出す者もいた。しかし、厳密にいえばそれは規則違反であった。

当時は、隊員の風紀を監督する「営外巡察」と称する勤務員が街に出て規律の維持に目を光らせており、大部分の隊員は仕方なく制服のままでの外出であった。

彼らの着用する58式制服は「紺灰色」と呼ばれた地味な色で、そのためか駅のホームで電車を待っていると駅員と間違われて、電車の入線時刻を聞かれたりすることがたびたびあったという。では、この国鉄職員や警察官の制服にも似た紺灰色の58式制服は、いかなる経緯で制定されたのであろうか。

当時の陸上自衛隊は、米軍撤退の空白を埋めるため増強に次ぐ増強に奔走しており、被服の供給が追いつかないほどであった。また、米軍式ジャンパー・スタイルの制服の色や形状が思ったよりも不評であったため、思い切って新制服を制定することにした。

当時、増強する自衛隊と入れ代わる形で、日本に駐留していた米軍は本国へと逐次撤退しつつあったのだが、その際に米軍は、各種物資を供与という名目で残置して行った。その中には、黎明期の被服として紹介したアイク・ジャケットや、OD（オリーブ・ドラブ）色の原反生地も大量に存在していた。これらを何とか有効活用できないものか。

アイク・ジャケットの方は、新制服制定までの間の「つなぎ」として用い、後にこれは「代用作業服」として使用された。問題はSFRPと称する数百万ヤードの原反生地である。隊員からは、旧陸軍のカーキ色とは似ても似つかない米軍のOD色が不評であったことと、当時の防衛庁長官の「色も形も時代にそぐわぬ」という発言により、新制服制定にあたり原反生地を一度脱色し、改めて染色することにした。

ところが、脱色とはいっても完全に色が抜けるわけではない。補給処において試行錯誤を繰り返した結果、染色可能な色として適当であろうということで、紺灰色となったという。

そして制定された58式制服は、剣襟に四つ銀ボタンでシングル型の上衣に、同じくシングル裾のズボンというデザインの物であった。しかし当時の担当者も、まさかこの紺灰色のせいで隊員が国鉄職員と間違われるとは夢にも思わなかったに違いない。もっとも、そう思ったところで技術的にそれ以外の色に染色できなかっただろうから、仕方がないといえば仕方がない。ともかく58式制服は、石を投げつけられた隊員にとっては、忘れたくとも忘れることのできない制服であったに違いない。

6　色が不評だった70式制服

前項における58式制服のエピソードで、色のせいで国鉄職員と間違われた事例を紹介した。現行の91式制服が制定されるまで、陸上自衛隊の歴代の制服は、デザインはともかく色という面では評判は芳しくなかった。その点ではこの70式も同様で、筆者もこの茶灰色という色が野暮ったく感じられ、好きにはなれない制服であった。紺灰色から茶灰色になって国鉄職員と間違われることがなくなっただけマシという隊員もいたそうだ。

では、その制定に至る過程はどうであったのか。制服改正のきっかけは、昭和四二年（一九六七）、当時の防衛庁長官の「女性から見て魅力的な制服にしてはどうか」という発言であったという。

時はベトナム戦争たけなわであり、学生による反戦運動や過激派によるゲリラ事件も頻発し、騒然とした世の中であった。自衛隊に対する風当たりの強さは現在では考えられぬほどであり、好景気ということもあって隊員募集も困難を極めた。当時、募集にあたる広報官が「一本釣り」と称して「君、いい身体しているねぇ！　自衛隊に入らないか？」と手当たり次第に若者に声を掛けていたのは有名な話だ。

このような状況下で制服改定がスタートした。服制審議会の立ち上げにあたっては、各方面からの幅広い意見を取り入れるべく、部内の担当者のみならず部外の服飾専門家も招いて何度も検討が実施された。そして検討を重ねた結果、当時の中曽根康弘防衛庁長官に服制審議会としての最終報告がなされた。昭和四五年（一九七〇）、大阪で万国博覧会が開催された年である。

この時期、制服の改正を検討していたのは陸自だけではなく、海自や空自も制服の改正作業を進めていた。しかし、色も形もそれほど変えようがない海自や空自に対し、陸自のそれは全面的なリニューアルを目指していたから、かなりその作業も大変であったようだ。

結局、陸上自衛隊は70式としてまず冬服を制定した。材質は、ウールとポリエステルの混紡でカルゼ織り、半剣襟の四つ金ボタンに総裏地付き、センターベンツの背広型の上衣で、色は茶灰色であった。ズボンももちろん同色同素材で、制定当時は新鮮味があった。なにしろ、これでもう国鉄職員に間違われることはないだろうから、当時の隊員も安堵しただろう。

また、夏服は冬服の色調をベースとして淡茶灰色と決定され、71式として制定された。この71式夏服には、冬服を薄手にしたような第一種と、ワイシャツスタイルの第二種、そして開襟半袖型の第三種が存在した。この内、夏服代三種は制定の前年に「防暑服」として制定されたばかりの物を、名称変更して流用した物であった。

しかしこの茶灰系の色、万人受けする色彩であっただろうか。70式制服の新鮮味も薄れた昭和末期には、色彩面で不評の声が多くなった。隊員の中には、米軍のカーキ色のチノ・スタイル制服と比較して、「色がダサい」と酷評する者もいた。その点、女子の夏服のアイボリーホワイトは、男女の区別なく多くの隊員から好評を博した。恐らく、当時の世界の陸軍夏用軍服の中で、もっとも綺麗な色彩を誇っていたのではないかと思う。

7　米陸軍に酷似！　91式制服

一九九一年に制定された陸自の91式制服は、米陸軍の現行制服であるＡＧ44サービス・ユニフォームに酷似している。しかし、これは何も米陸軍の真似というだけではなさそうだ。そのルーツは昭和三二年（一九五七）に制定された、陸上自衛隊特別儀仗《ぎじょうたい》隊の制服にある。

特別儀仗隊は、制式には第３０２保安中隊と称し、来日した海外の国賓などに対し、捧げ銃により栄誉礼を実施する部隊である。その特別儀仗隊の制服は、上下とも濃緑色と色彩こそ91式制服と同じだが、袖には金線、ズボンにも金の側線と細部が異なる。

では、この91式制服の制定に至る経緯とは、一体どのようなものであったか。時に昭和六一年（一九八六）、現行の一つ前の制服である70式が制定され大分経過した頃のことで

1986年、来日したロナルド・レーガン米国大統領に儀仗を行なう特別儀仗隊（第302保安中隊）

ある。当時の世はバブル経済華やかなりし頃で、陸幕、つまり陸上自衛隊の総本山たる陸上幕僚監部は、任期制隊員の確保に頭を悩ませていた。そこで輝号計画の一環として、若者への魅力化政策を打ち出した。任期制隊員の募集対象である年頃の若者にとって魅力的な制服に改正しよう、というわけである。

しかもこの当時は、新制服の制定を求める声が部内の隊員から出始めた時期でもあった。その意見の中には、色彩に関しての変更を希望するのがもっとも多かったという。

米軍などの諸外国陸軍において緑系統の色彩をした制服が多いこと、特別儀じょう隊の制服は、部外の民間人や外国からも格好がよいと評判であることから、濃緑色という色彩は割とすんなりと決定されたという。筆者が思うに、実は以前から次に制服を制定する際は、特別儀じょう隊の制服と同じ色彩にしよう、という考えがあったのではないか。

このように、制服の色彩については割とすんなり決定したが、サイズ面についてはどうであったか。70式制服の制定から約二〇年が経過していたこともあり、この間の隊員の体格向上には目覚ましいものがあった。平均身長は約一六五センチであったのが約一六八・五センチへ、股下は約六七センチから七六・六センチへとそれぞれ伸びている。つまり、背が高く足長のスマート体型となったわけだ。

この隊員の体格向上に対して、さぞかしサイズ決定は大変であっただろうと思いきや、そうでもなかったようである。実は、91式制服制定の過程において、防衛庁技術研究本部第一研究所の人間工学室が隊員の体型分析を実施しているのだ。これは、男子と女子合わせて数千人ともいわれるサンプルの計測結果が大きな役割を果たした。

そのため、制服の形状という点でデザインは大きく変わらなかったが、ポケットや前合わせのボタンの位置と大きさは、現在の隊員の体格に適合するように改められた。また、サイズの種類も男子は一七種類から二九種類へ、女子は二五種類から二八種類へとそれぞれ増加された。

同時に材質も見直され、70式ではカルゼ織りであったものが、学生服などに多く見られるサージ織りとなった。隊員の一部には、「米軍の制服の真似だ」と酷評する者もいるというが、それは米軍の制服との相違点を知らずしていっているだけなのだろう。実際、米陸軍のAG44サービス・ユニフォームの色彩は、ちょうど91式冬服と夏服の中間のような色具合であり、それを知る者には両者の区別は容易である。ともあれ、現在の91式制服は内外から極めて評判がよく、当分変更はなさそうである。

8　やはり米陸軍に酷似のベレー帽

さて、この91式制服の制定に伴い、わが国で初めてベレーが略帽として採用された。このベレーは制式品ではあるが隊員個人が自費で購入する物で、官品ではない。もっとも、最初に製造されたロットには桜にQマーク入りの官品が存在するが、基本的には私物である。

有名な米陸軍特殊部隊のグリーン・ベレーを例に挙げるまでもなく、諸外国の軍隊では陸海空を問わず、ベレーは精鋭の証である。米軍では陸軍のレンジャーが黒、空挺は赤（正確にはマルーンなのだが）という具合に色で区分している。ちなみに英国軍特殊部隊のSASはベージュに近い薄茶色で、旧ソ連軍の空挺部隊は青色だし、PKO活動で着用するベレーは空色だ。

そして、91式略帽が制定される遥か以前、昭和四〇年代半ばには、東北方面隊の某普通科連隊では非公式ながら黒や赤のベレーを独自に採用し、隊員の士気高揚に一役買っている。

現在でこそ、ミリタリーショップでは色とりどりの軍用ベレーが販売されているが、当時はベレーそのものの入手も容易ではなかった。そのため、前述の普通科隊員らが着用した

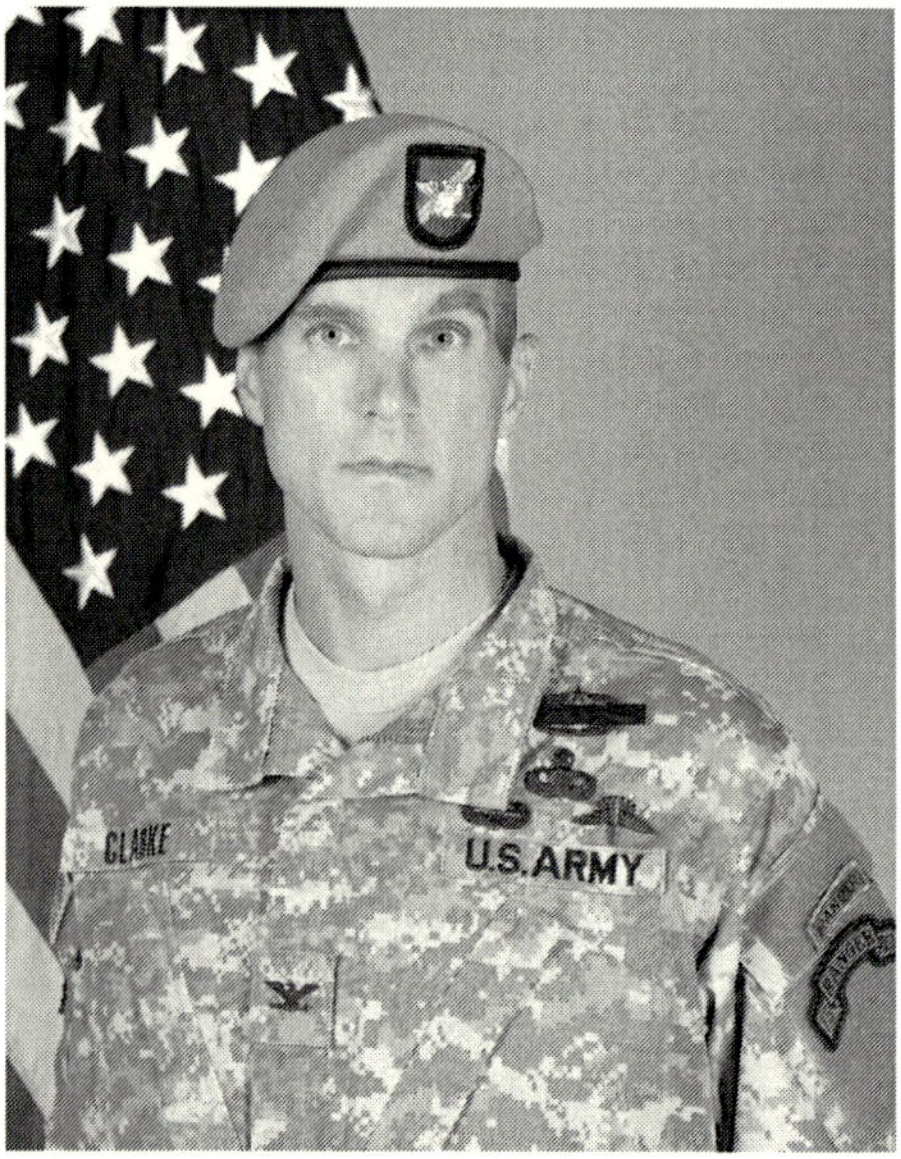

アメリカ陸軍第75レンジャー連隊隊員がかぶる軍用ベレー帽

ベレーは、バスクベレーと称する芸術家が被るようなベレーで頭頂部に小さな房が付いており、とても軍用ベレーには見えなかった。それでも当時としてはベレー自体が珍しく、実に格好よく見えたという。

ところで、軍用ベレーには正しい着用法というのが存在し、イギリス式とフランス式に大別される。イギリス式は、ベレーの帽章が顔の右側にくるようにして、右から左に流すように形を整えて着用する。フランス式はその逆である。

自衛隊は、米軍のグリーン・ベレーを範にしているが、その米軍がイギリス式で着用しているので、自衛隊も同様のイギリス式による着用だ。

最近ベレーを着用する隊員も増えているが、この正しい着用法を知らない隊員も多い。特に女性自衛官に散見されるのだが、ベレーを真後ろに傾けて被っているのである。これは軍用ベレーとしてはマイナーなロシア式の着用法で、幼稚園児のベレーの被り方といえば分かりやすいだろうか。

なぜこのようなことになるかといえば、彼女らは、ベレーが精鋭の証であるという認識もなしに着用しているからに他ならない。単に正帽に比べ、携行が容易で、かつ着用感的にも軽くて楽だから着用しているにすぎないのである。

従来の服装規則では、ベレーはあくまで制服の略帽という位置付けから、戦闘服に組み合わせての着用は認められていなかった。しかし、旭川駐屯地において挙行された第一次イラク派遣復興支援群の編成完結式では、隊員は新迷彩戦闘服に91式略帽のベレーを着用していた。さらに、新編された自衛隊初の特殊部隊である特殊作戦群の隊員も紺色の戦闘服に同色のベレーという姿であった。

これは、91式略帽のベレーを戦闘服装においても着用できるように、服装規則の改善を叫んでいた筆者としては喜ばしい限りだ。可能なら、現代の空の神兵たる空挺隊員には赤のベレーを制定し、着用できるように規則を改正してもらいたいものである。そして筆者は、陸上自衛隊が91式制服の略帽としてベレーを採用したのは大英断であったと評価する。自費購入であるためすべての隊員が着用するわけではないが、それでもあえて略帽としてベレーを採用したのは「全隊員よ、精鋭たれ」の願いを込めてのことであると信じたい。

9　私服組の「制服」？　防衛庁事務官などの被服

　一口に自衛隊員といっても、そのすべてが自衛官というわけではない。自衛隊員とは自衛官と防衛庁事務官などの総称であって、さらに、防衛庁事務官などは「防衛庁事務官」「同技官」「同医官」「同教官」の総称である。一般には防衛庁職員という呼称の方が馴染み深いであろう。よくメディアの報道で「制服組・私服組」という表現をするが、これは俗称であり、文字通り制服組は自衛官を、私服組は事務官などを指す。

　その私服組たる事務官にも制服があるといったら、読者諸氏は疑問を感ずることであろう。もっとも、それらは制服というより事務官用の被服という表現が正しいのだが、一部では自衛官が着用するような制服に似た被服も存在する。読者諸氏の中には、防衛庁事務官というとすべてが市ヶ谷の防衛庁でのみ勤務していると思う方もいるだろうが、そんなことはない。全国の自衛隊には各種学校や補給処、病院といった、「部隊」ではなく「機関」という役所のようなものが存在する。戦前は「官臥《かんが》」と称したこれら機関にも、多数の防衛庁事務官が勤務している。その機関の所在する駐屯地や基地では、自衛官で編成された警衛隊と一緒に、衛士という警備専門の事務官も活躍しているのだ。

　その彼らが着用するのが「守衛服」である。「自衛官が着用するような制服に似た被服」というのがまさにそれで、色が黒いことを除けば、正帽も含めて造りは自衛官の物とほぼ同様だそうだ。警衛隊は、陸海空とも戦闘服装にヘルメット・ライナー着用であることが多いが、その中で黒の制服であるから実に目立つ。また、半長靴や編上靴、弾帯などは自衛官とまったく同様の物を着用する。彼らは門番として立哨していることもあるので、機関の所在する駐屯地や基地を訪問する機会があれば、その服装を観察するのもよいだろう。ただし、あまりジロジロと見つめていては不審者扱いされる恐れもあるのでほどほどにしておこう。

　さて、次いで紹介するのは、防衛庁技官用の作業服である。一般の自衛隊駐屯地や基地には、駐屯地業務隊あるいは基地業務群等と称する、縁の下の力持ちというべき部隊が存在する。その部隊は、隊舎や各種被服・物品・器材の維持補修、駐屯地などにおける隊員の衣食住の面倒を見るのが仕事である。その部隊で活躍する技官が着用する被服なのだ。

業務も地味なら服も地味、といっては彼らに失礼だが、その辺のホームセンターでも売っていそうなデザインである。色は明るめの灰色で、ねずみ色というべきか。ジャンパー式の上衣にズボンの組み合わせというスタイルだ。だから、自衛官の作業服と異なり上衣の裾はズボンの中に入れないで着用する。さらに、これと同色の作業帽も存在し、こちらは自衛官の作業帽と同一形状である。

そして、最後に男性読者諸氏の気になる女子事務官用の被服を紹介しよう。かつての郵政省などの官庁の女子職員にも事務服という名の制服が存在したように、防衛庁の女子事務官にも「事務服」が存在する。これまた地味な紺色のジャケットであるが、官公庁である以上、最近の民間企業のＯＬのように華美なほどオシャレな制服、というわけにもいくまい。

なにしろ、地味すぎると若い女子事務官からダサいと文句をいわれ、派手すぎると定年間近のベテラン女子事務官から「いい歳してこんなの着れないわ」などといわれるだろうから、仕様書作成の担当者もデザインには苦労するようだ。

また、この事務服、濃紺のため着用しているうちにテカリが生じ、特に若い女子事務官からは「テカテカに光った高校時代の女子制服のようで恥ずかしい」という声をよく聞く。まあ筆者にいわせれば、それだけ一所懸命仕事をこなしている証拠でもあると思うので、別に恥ずかしがることもないと思うのだが。なお、夏用の事務服も用意されており、こちらは爽やかなライト・ブルーで実に涼し気である。ちなみに、この事務服にはズボンやスカートは存在せず上衣のみで、ボトムは各自の私物である。

10　布製でも「板」とはこれいかに？　物品表示の銘板

自衛隊の保有するほとんどの装備品には、それがどのような物品であるかを示すために、「銘板」と呼ばれる表示が付いている。その材質は、それぞれの装備品によって異なり、金属製のプレートであったりシール状の物であったりする。もちろん、被服・装具についても銘板は存在するのだが、身につける物なので流石に材質は布製である。当然ながら、布製に金属プレートであったりシールであったりすると、生地の方が破損したり剥がれたり、あるいは肌を傷つけたりするなど、具合が悪いためだ。

このように、被服・装具の物品表示の場合でも「銘布」とはいわず「銘板」と呼称するのは面白い。ちなみに警察では、被服に限ったことではあるが、同様の物を「片布《へんぷ》」と称する。

被服・装具に限定すれば、その表示内容は以下の通りである。まず、一行目には大体の場合、「防衛庁」なり「陸上自衛隊」といった、使用する組織の名称およびマークが記載されている。マニア諸氏にも有名な「桜にＱマーク」や「錨マーク」もこの部分に表示されている。その下の行には、ある基準にしたがって定められた桁数の物品番号がくる。次いで品名、号数またはサイズ、調達もしくは製造した年度、製造会社または契約企業、所属・氏名といった順である。

ミリタリーショップなどでは、自衛隊から払い下げられた被服・装具などの中に銘板が残っているものを見かけることもあるが、本来は、自衛隊が民間に払い下げるにあたり除去することになっている。これは、反自衛隊勢力などに悪用されぬよう出所を分からなくするための措置であるが、これはあまり意味のないことで、筆者にいわせれば無駄な労力であるといえる。なぜなら、自衛隊の払下げ品はそのほとんどが防衛専用品であり、銘板を外したところで自衛隊の物品なのか米軍など外国軍の物品なのか、マニアなどの「分かる人」にとっては造りを見れば明白だからだ。

11　納入業者は一流メーカー

バブル経済崩壊以降、不況の昨今でも世はブランド品ブーム覚めやらずといったところで、生活を切り詰めてでもブランド品にはカネを惜しまない、といった人は多い。自衛隊も同様で、実にブランド志向であるといえる。高級舶来品に目がないのだ。正面装備を例にすれば、航空自衛隊は、数カ国しか採用していない高価なF-15を、二〇〇機という米国に次ぐ機数を保有している。海上自衛隊もP-3C哨戒機を一〇〇機購入、これまた米国に次ぐ機数を保有している。機数をいえば、GDP世界第三位の経済大国たる日本にとっては当然といえば当然なのだが、これらは、いずれも世界最高といわれるものばかりである。いわば兵器のブランド品といえよう。

この辺りの事情は被服・装具なども同様で、それらの納入および製造業者は皆一流メーカーばかりである。88式の戦闘鉄帽と戦闘防弾チョッキ、偽装網などを手掛けるのは大手繊維メーカーの「東レ」だし、制服関係は「三越」や「西武」など大手百貨店によるものであったりする。また、戦闘服は「帝国繊維」や「ユニチカ」、各種の靴は「リーガル」、偵察隊のオートバイや航空機用ヘルメットは「ショウエイ」や「アライ」が製造を担当している。

もっとも、これら有名な一流メーカーのブランドにばかり発注が極端に片寄っているかというとそうでもない。「この装具は技術的にこのメーカーにしか製造できないから、ここに発注しよう」といったことはまずないからである。だから、聞いたこともないようなメーカーであっても防衛庁と取り引きしていたりする。ただし、同業他社が存在せず、日本唯一のメーカーである場合は別で、空挺や航空機用の落下傘を製造している「藤倉航装」がそれにあたる。

とはいえ、大手の一流メーカーほど防衛庁からの受注額も大きいのは事実であり、やはり自衛隊はブランド志向なのかも知れない。

12　陸・海・空それぞれの階級章（その1）

自衛隊のような階級社会を俗に縦社会というが、同じ縦社会である警察や消防、そして海上保安庁に比べると自衛隊の階級数は群を抜いて多い。例えば、警察は最下位の階級である「巡査」から最上位の「警視総監」まで一〇階級であるが、陸・海・空自衛隊の階級章は、最下位の階級である「三士（現在では、少年工科学校の三士という階級は廃止されたので、二士だが）」から「幕僚長たる将」まで十八階級が存在する。

昨今の日本人は、余程のマニアでもなければ日頃から軍隊などの階級というものを意識することはないため、入隊するまで自衛隊の階級をまったく承知していなかった者も多い。だから、「自衛隊の士長という階級は、旧軍や諸外国軍では上等兵に相当する」といってみたところで、彼らには、そもそも上等兵が一番下からどの辺に位置する階級であるかが分からない。階級の重みというものが理解できないのだ。「上等」というくらいだから、かなり上の階級ではないか？と認識しているくらいである。

もっとも、いくら階級を知らずとも自然に覚えるものであるし、新隊員のうちは一番下っ端である。入隊が半年違った同階級の隊員であっても、先に入隊した方が序列が上なので先輩である。だから新隊員は、自分達以外のすべての隊員に敬礼していればよいのだ。

敬礼といえば、諸外国軍においてもこの辺の事情は同様で、自分より上位の階級の者に対して敬礼しなければならない。それに対し、敬礼を受けた側の者も敬礼し返す。これを答礼と称する。また同階級であっても相互に敬礼するから、職業軍人が生涯に行なう敬礼の回数は、概算で数十万回にも及ぶものと思われる。

それに関してこんな逸話がある。第二次世界大戦時の欧州戦域において、米軍のある師団長が、将兵に対して「敬礼を徹底するように」と通達を出した。共同作戦のパートナーたるイギリス軍から、米軍将兵の欠礼に苦情が来たからだ。つまり、師団隷下部隊の将兵がイギリス軍の階級を識別できずに敬礼を怠ったり、こちらが敬礼しても答礼しないというのだ。そこで米軍将兵は、自分より下級者の二等兵であろうが何だろうが、とにかく先に敬礼しておけば問題ないだろう、というほどに敬礼の確行に努めた。すると今度は、「欠礼は減ったが、米軍将兵とすれ違う度に一日に何度も敬礼をするので、我が軍の将兵から右腕の疲れや痛みを訴える者が続出している」とイギリス軍から苦情があった。当然である。自衛隊や旧軍と異なり、米英軍は脱帽時に行なう敬礼であっても、すべて挙手の敬礼である。戦争映画の敬礼を見てもおわかりであろう。これでは、右腕の疲れや痛みを訴える将兵が続出してもおかしくはない。

米軍将兵からも同様の声が多くなり、結局その師団長は、「作戦地域内においては相互の敬礼を省略せよ」と再度通達を出したという。この「省略せよ」というのが凄い。もはや通達ではなく師団長命令である。自衛隊の服務規則においても、車輌の運行中など任務に支障あるときは敬礼を省略できることになっているが、あくまでその状況によって「省略できる」のであって、「省略せよ」とはなっていない。だから、敬礼すべき相手の階級を識別することは重要なのだ。

さて、そのための階級章であるが、着用する服の種類により「制服用の物」と「作業服等用の物」と二種類に大別される。

まず、制服用の階級章だが、陸上と航空の物は色彩は異なるが、形状は同一である。士クラスは左腕上部の肩に付け、曹は両襟に、そして幹部は両肩部分にある肩章と、階級章を付ける部位がそれぞれ異なっているので、遠目にも分かりやすい。これが、冬服および夏服第一種の制服に付ける階級章である。また、夏服第二種および第三種に付ける階級章として、「乙」という肩章部分を包み込むようにして付ける物が存在する。これは、陸の91式制服と同時に制定されたもので、その後、航空と海上もこれに倣って乙階級章を採用した。海上自衛隊の制服用階級章は、陸や空の物と同様幹部は肩に付け、曹士隊員は袖に付ける。そして、幹部は袖に金線を巻く。これは各国海軍とほぼ共通である。また、「丁」階級章という物も存在する。

次に、作業服用の階級章だが、これは「略章」、つまり略式化した階級章である。陸の物は、OD色の生地に黒糸刺繍した物で、一九八〇年代半ばまでは白地に黒糸刺繍であった。これは遠目に非常に目立つ。ベトナム戦争初期の米軍は、戦闘服にも制服用のカラフルな部隊章や階級章を付けていたが、「大尉の墓場」といわれたほど、狙撃兵による戦死者が多かった。そこで、サブデュードと呼ばれるOD色の生地に黒糸刺繍した階級章に変更した。自衛隊の階級章がサブデュード化されたのは、日米共同訓練で米軍に「非実戦的だ」と指摘されてからのことであった。

また、この略章、陸や空はほぼ同型で袖に付けるが、海自の物はやや小振りで作業服の胸に付ける。最近、海自はこれを廃止し、作業服にも乙階級章を付けるようになったが、艦艇乗組員の隊員からは「狭い艦内では、肩章部分が引っ掛かりやすく不適」との声がある。自衛隊では、一度廃止した規則や物品の様式を復活させることは困難であり、略章を廃止したのは誤りではなかったのだろうか、と筆者は思う。

13 陸・海・空それぞれの階級章（その2）

次ページで、陸海空三自衛隊の帽章と階級章を写真で紹介しよう。この通り、一目瞭然である。

14 自衛隊の各種き章（その1）

階級章は、その名の通り階級を表す物だが、それに対し単に「き章」というと、一般的には、隊員が保有している技能や資格を表すための物である。職種き章や防衛記念章は別項で述べているので、ここでは、それ以外のき章を紹介しよう。

き章は、海上および航空自衛隊の物を含めるとかなりの種類となり、紙数の都合もあるため、陸海空で共通の物以外は陸上自衛隊の物だけの紹介に止める。

さてその各種き章だが、自衛隊法施行規則第19条の中に、「自衛官の職務及び技能を識別するために用いるき章の制式等に関する訓令」があり、形状・色彩や大きさなどの仕様が定められている。

まず、隊員の保有している技能を表すための物であるが、もっとも有名なのはレンジャーき章であろう。このレンジャーき章は、レンジャー集合訓練などの課程教育を修了した隊員に着用する資格がある。ダイヤモンドを月桂樹で包み込んだデザインで、ダイヤモンドの部分のみ金色の「レンジ

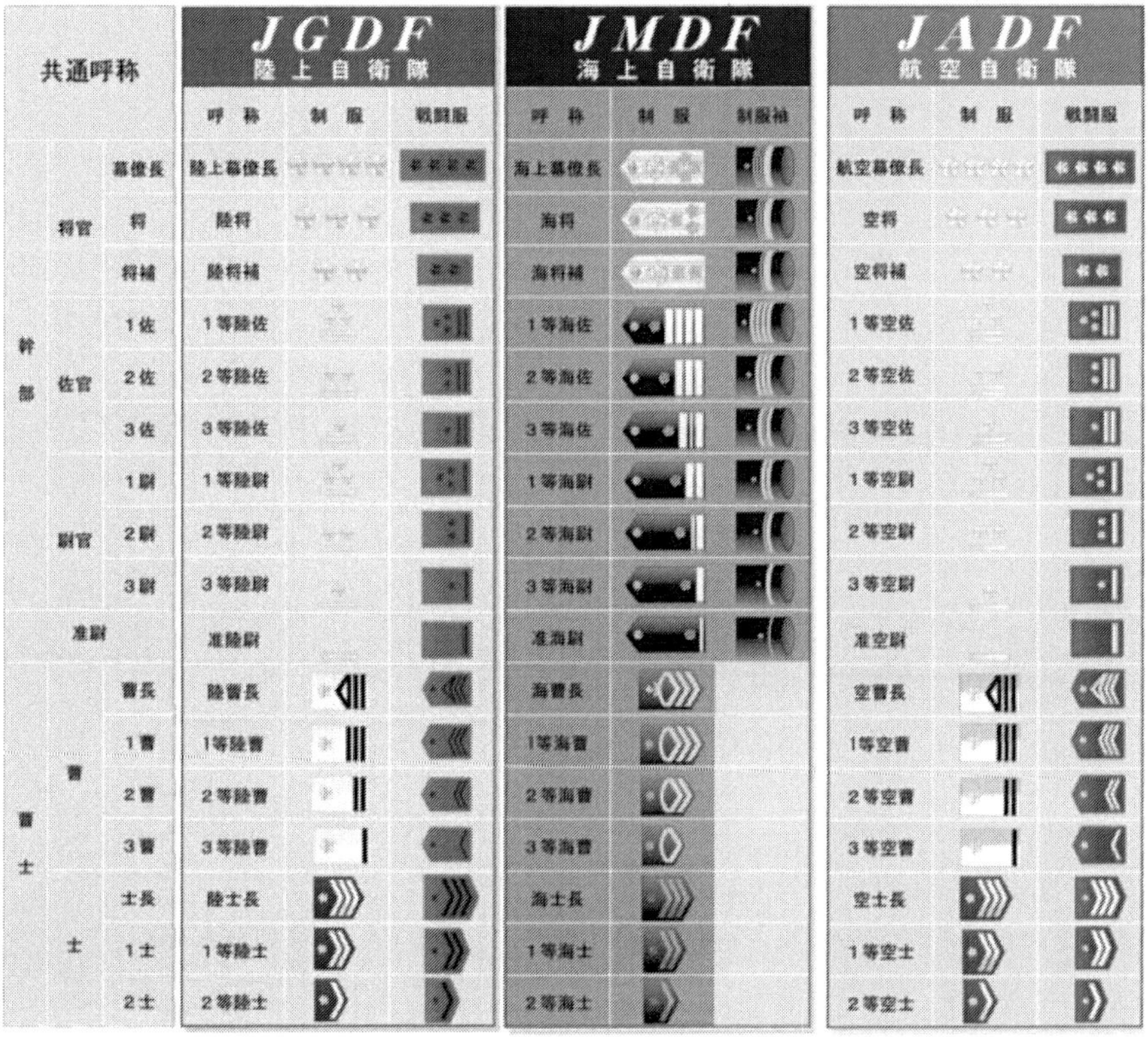

共通呼称			JGDF 陸上自衛隊			JMDF 海上自衛隊			JADF 航空自衛隊		
			呼称	制服	戦闘服	呼称	制服	制服袖	呼称	制服	戦闘服
幹部	将官	幕僚長	陸上幕僚長			海上幕僚長			航空幕僚長		
		将	陸将			海将			空将		
		将補	陸将補			海将補			空将補		
	佐官	1佐	1等陸佐			1等海佐			1等空佐		
		2佐	2等陸佐			2等海佐			2等空佐		
		3佐	3等陸佐			3等海佐			3等空佐		
	尉官	1尉	1等陸尉			1等海尉			1等空尉		
		2尉	2等陸尉			2等海尉			2等空尉		
		3尉	3等陸尉			3等海尉			3等空尉		
	准尉		准陸尉			准海尉			准空尉		
曹士	曹	曹長	陸曹長			海曹長			空曹長		
		1曹	1等陸曹			1等海曹			1等空曹		
		2曹	2等陸曹			2等海曹			2等空曹		
		3曹	3等陸曹			3等海曹			3等空曹		
	士	士長	陸士長			海士長			空士長		
		1士	1等陸士			1等海士			1等空士		
		2士	2等陸士			2等海士			2等空士		

陸海空三自衛隊の帽章と階級章

ャーき章、甲」と、き章全体が銀色（正確には、いぶし銀）の「レンジャーき章、乙」が存在する。このうち、甲は最近になって制定されたレンジャー教官が着用する物で、従来は乙のみで、名称も単にレンジャーき章であった。自衛隊では、警察および消防のレンジャー教育を依託されており、教育を修了した警察官などにもレンジャーき章が授与される。

そして、次は空挺き章である。これは、五回降下し空挺基本訓練課程を修了した者に授与される物で、落下傘に翼を配したデザイン。外国軍の様に降下回数によって等級が区分されているわけではないので、空挺き章には甲や乙は存在しない。したがって、何百回降下しようが、隊員の制服の胸に付くのは空挺教育修了時に授与されたき章のままというのは変わらない。また、空挺隊員だけでなく、航空自衛隊の降下救難に従事する隊員、いわゆるパラ・メディックにも授与される。

特殊作戦き章は、陸上自衛隊の特殊部隊である「特殊作戦群」の隊員が制服の左胸ポケット部分に着用するものだ。といっても、制服姿のときであれば常時着用できるわけではない。特殊作戦群長が「特に必要と認めた場合」のみ、着用することができる。したがって、過去に中央即応集団の司令官交代式において、ミリタリー雑誌が取材したときの写真として掲載されたことがある程度で、あまり人目に触れることのない〝超レアな〟き章といえるだろう。

空挺レンジャー隊員の徽章。上から空挺徽章、レンジャー徽章、個人の名札

格闘き章は、格闘に関する技能検定において、陸上幕僚長の定める基準以上の成績を修めた者に授与される物で、盾と2先の剣2本に月桂樹を配したデザインで、盾と2先の剣2

本の部分のみが金色の上級指導官用の甲と、き章全体が銀色で部隊指導官用の乙が存在する。スキーき章は、技能検定において基準以上の成績を修めた者に授与される物で、交差したスキーに雪の結晶を中心として月桂樹を配したデザイン。雪の結晶のみが金色の上級指導官用の甲と、き章全体が銀色で部隊指導官用の乙が存在する。いわゆるウイングマークの航空き章は、盾の中央に桜を配しその両脇に翼というデザイン。操縦士および航空士の技能証明を有する者が着用し、それぞれ金色と銀色である。航空管制き章は、航空管制業務に従事する者が着用し、管制塔を中心に電波と翼を配したデザインで銀色の物。これは最近制定された物だ。

体力き章は陸海空共通のき章で、体力検定において基準以上の成績、つまり一級の者が着用できる。六面の星に月桂樹を配したデザイン。射撃き章は甲、乙が存在し、射撃検定において基準以上の成績、つまり特級および準特級の者が着用できる。桜花、標的、照星を桜葉で包んだ銀色のデザインで、甲は照星照星の部分が金色である。不発弾処理き章は、映画「守ってあげたい！」の冒頭に登場する不発弾処理の特技を有する隊員が着用するき章である。服務指導准尉き章は、各部隊などにおいて隊員の服務指導にあたる中隊等付准尉が着用する。

また、営内班長き章は、営内班長を命ぜられた陸曹が着用する。車輌操縦き章は甲、乙の二種があり、ジープから戦闘車輌に至るまでの官用車の操縦手が、それぞれ定められた無事故走行キロ数（あるいは時間）を達成した際に賞詞とともに授与される。広報募集き章は、隊員の募集業務にあたる自衛隊の機関である地方連絡部の広報官が着用する。大小二種類があり、大きい物は制服に着用し、小さい物は制服以外の服に着用する。

なお、陸上自衛隊制式ではないが、それに準ずるものとして「らっぱき章」と「冬季遊撃き章甲、乙」が存在する。冬季遊撃き章は、冬季戦技教育隊（冬戦教）において冬季遊撃課程を修了した隊員が着用できる。冬季レンジャーき章ともいえよう。

また、階級章に作業服などに付けるための略章が存在するように、一部のき章には略章が存在する。自衛隊のき章は、米軍ほど種類が多いわけではないとはいえ、このように列挙してみるとなかなか多様である。今後、どのようなき章が新たに制定されるのか楽しみだ。

15　自衛隊の各種き章（その2）

次ページでは、陸海空三自衛隊の各種き章を写真で紹介しよう。前項の本文では紹介できなかった海自および空自の物も含まれている。

16　豪華絢爛！　儀礼用階級章と飾緒

読者諸氏の中に自衛官の友人がいて、その結婚披露宴に出席された経験のある方はいるだろうか？　一般的に儀礼用階級章および飾緒は、指揮官級の幹部自衛官が特別な行事の際にのみ着用する物である。したがって、ヒラ隊員である曹士クラスには公には縁がない。曹士隊員がそれを着用できる唯一の機会が結婚披露宴なのだ。

自衛官の結婚披露宴は総じて慎ましやかながら、創意工夫によって派手に見せるのが特徴である。筆者は未だ独り者なので、新郎として礼服を着用したこと経験はない。ただし、同僚有志隊員による余興として私設儀仗隊を編成し、「超・特別儀仗隊」と称して儀礼用階級章および飾緒を使用したことはある。これが大変好評なのだ。64式小銃や89式小銃のモデルガンなどを執銃の上、甲武装と称する制服に半長靴というでたちで新郎新婦を祝福するのである。捧げ銃およびらっぱ手の生吹奏による栄誉礼に始まり、そして巡閲、最後は帝国陸軍の服装をした旗手が、新郎に結婚祝いの寄せ書きをした日の丸を渡して締めくくる。

超・特別儀仗隊長に扮した陸曹の隊員は、宴席での余興であるからこれ幸いとばかり、自分の階級を無視して将官用の儀礼用階級章を付けた上、さらに防衛記念章全三二種を無理矢理付けたりしていた。もちろん、上官のお咎めなしである。新郎側も心得たもので、栄誉礼に対しては「うむ、御苦労！」と満足気に答礼する。だから、内状を知る隊員には面白可笑しく、民間人の出席者はこれを初めて目にするものだから驚嘆し、ヤンヤの喝采となる。

というわけで、結婚披露宴では一生に一度の晴れ姿であるから、新郎自衛官は大抵の場合礼服を着用して式に臨む。礼服は防衛駐在官にでもならなければ着用できないし、儀礼用階級章だって曹士隊員用の官品はそもそも存在しない。だから、曹士隊員の結婚披露宴での着用品は、防衛庁の外郭団体である防衛弘済会の契約業者が用意した物のレンタルである。

儀礼用階級章はいわゆる金モールで、その形状から「草鞋《わらじ》」と俗称される。女子用の物は、男子用に比べ一回り小さくできており、草鞋というには可愛いサイズである。飾緒も、一般の物と儀じょう隊が使用する物とでは着用要領が違うとはいえ、形状はほとんど同一である。陸海空の飾緒の違いは筆先のマーキングにある。陸の飾緒には桜マークが

陸上自衛隊　JGSDF

き章

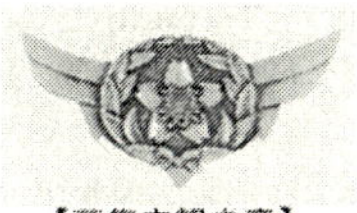
【募集広報き章】

【募集広報き章】
（制服以外）

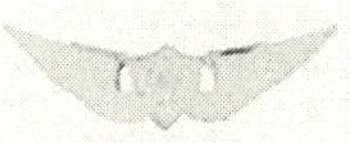
【航空き章】
（操縦士は金色、
航空士はいぶし銀色）

【航空管制き章】

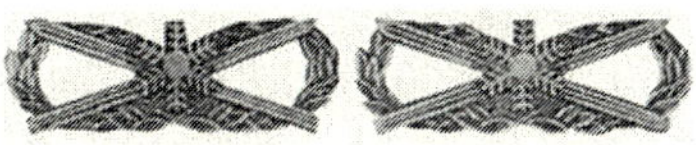
【スキーき章】
（上級スキー指導官）（部隊スキー指導官）

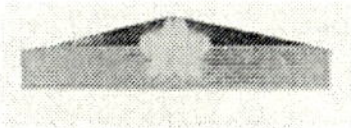
【営内班長き章】

【格闘き章】
（上級指導官）　（部隊指導官）

【射撃き章】
（特急）　（準特急）

【不発弾処理き章】

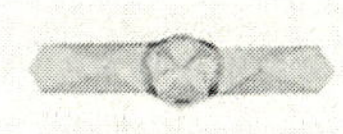
【服務指導准尉き章】

【レンジャーき章（甲）】
（教官適任証保有者）

【レンジャーき章（乙）】

【空挺き章】

【体力き章】

【予備自衛官き章】

【予備自衛官補き章】

海上自衛隊　JMSDF

水上艦艇き章

【幹部】

【曹士】

航空き章

【パイロット及び戦術航空士】

【航空士の航空従事者技能証明を有するもの】

潜水艦き章

【幹部】

【海曹長以下の自衛官】

航空管制き章

【幹部】

【海曹長以下の自衛官】

潜水員き章

【幹部】

【海曹長以下の自衛官】

航空医官き章

潜水医官き章

幹部候補生き章（海曹長）

航空学生き章

音楽隊員き章

特別警備隊員き章

先任伍長識別章

【海上自衛隊先任伍長】

【自衛艦隊等先任伍長】

【護衛隊群等先任伍長】

【部隊等先任伍長】

■　航空自衛隊　JASDF

航空自衛隊き章

【航空き章・操縦士】

【航空き章・航空士】

【航空学生き章】

【航空管制き章】

【不発弾処理き章】

【高射管制き章】

【航空医官き章】

【兵器管制き章】

【体力き章】

【内務班長き章】

部隊章

【大臣直轄及び機関】

【航空総隊】

【北部航空方面隊】

【中部航空方面隊】

【西部航空方面隊】

【南西航空混成団】

【航空支援集団】

【航空教育集団】

【航空開発実験集団】

【補給本部及び補給所】

准曹士先任識別章

航空自衛隊
【准曹士先任識別章】

編合部隊等
【准曹士先任識別章】

編制部隊等
【准曹士先任識別章】

編制単位群部隊
【准曹士先任識別章】

編制単位部隊
【准曹士先任識別章】

金モール（金色のひも）を編み込んでいる儀礼用階級章。俗称では形状から「草鞋」とも呼ばれる

入っているが、海の物には錨のマークが入っており、旧海軍の飾緒とほぼ同様の造りである。

また、これらは金モールといっても、厳密には金線と金糸の二種類の材質が存在する。その輝きからいっても金線の方が高級感があり、連隊長以上の高級幹部ともなれば、金糸製の官品ではなく金線でできた私物を使用するくらいだ。しかし、金線は銅線に金メッキを施したものであるから、経年変化により色褪せてしまうのが難点で、この点からいえば金糸製の官品も馬鹿にしたものでもないだろう。

ところで、昭和三〇年代の自衛隊には、礼服という物が存在しなかった。そのため、防衛駐在官として海外に赴任する高級幹部は、通常礼装、つまり普段着用している制服で大使館主催のレセプションに参加していた。

しかし、これでは肩身が狭いばかりか、国際儀礼上礼を失するというわけで、私物の礼服を用意してレセプションに臨む者もいた。当時は各国の略受に相当する防衛記念章も存在しなかったので、これらを私物で用意することが半ば当たり前に行なわれていた。数年後に、やっと男子自衛官の礼服が制定されたが、女子の礼服が制定されたのは昭和六〇年になってからであった。そして、その翌年には夏用の女子礼服が制定されている。

礼服だけあって、陸自と空自の物は濃紺、海自の物は黒色というシックな色調。スカートには、セミタイトの「第一種スカート」とロングの「第二種スカート」が存在し、諸外国の女性用礼服に勝るとも劣らぬ、実にフォーマルな装いである。

17　万国共通？　海上自衛隊の袖章

平成一四年（二〇〇二）に横須賀で開催された国際観艦式。海上自衛隊発足五〇周年を記念して実施された一大イベントである。各国の海軍が一同に会するのも滅多にないとあって、多くの艦船マニアが横須賀に集まった。

筆者にとっては、観艦式の主役たる艦艇もさることながら、各国海軍の軍楽隊によるパレードが興味深かった。米海軍なら見慣れているが、マレーシア海軍や韓国海軍、ロシア海軍などの制服は、親善訪問以外はそうそう目にすることもないからだ。

京浜急行横須賀中央駅を起点とするこのパレードは、メインストリートの片側一車線を使用して実施された。参加各国の代表として、自慢の制服に身を包んだ軍楽隊のパレードが続く。最近の日韓交流を反映してか、韓国海軍の軍楽隊には沿道から一際大きな声援が飛んだ。そして、最後のトリはホスト国の日本である。曲目はもちろん軍艦マーチ、日本人ならば軍艦や護衛艦の艦名は知らずとも、誰もが知っている行進曲である。

沿道の観衆が、海自東京音楽隊の演奏に合わせて手拍子で応える。観衆の興奮も最高潮に達し、近くにいた年輩の御婦人は何を思ったのか「帝国海軍万歳！」と叫んでいた。横須賀市民と海上自衛隊の連帯感がひしひし感じられた、実に感動のパレードであった。

さて、海軍サンの制服は万国共通とよくいわれるが、このパレードで改めてそれがよく分かった。世界の海軍を見渡せば、冬制服が黒のダブル型で夏制服はシングル仕立ての白、というのが一般的である。

そして、似ているのは制服のデザインだけでなく、階級を示す袖章も同様である。これは英国型、米国型、フランス型に大別され、世界各国の海軍は、このいずれかに類似した袖章を付けている。わが国では、旧海軍は英国型の袖章であったが、戦後の海自では米国型の袖章となった。米海軍の星が桜花に変わっただけといってよい。ちなみに海上保安庁は、この桜花の部分がコンパスマークとなっている。制服のデザインも万国共通なら、袖章もまた万国共通なのである。

18　略授にあらず、リボンのみの防衛記念章

昭和四〇年代、まだ自衛隊に旧軍経験者が結構残っていた頃の話である。ある佐官の幹部が、某国の大使館付防衛駐在官として赴任することになった。自衛隊の防衛駐在官に限らず、どこの国もこうした駐在武官は情報収集活動と大使館における警備責任者としての仕事が主任務である。だから、大使館主催のパーティーは、情報交換の場として重要だ。

ところが、当時の自衛隊には礼服もなければその胸に付ける略授もなく、パーティーなどのレセプションの席上、各国の大使館付武官と交流する彼らは、肩身の狭い思いをしていた。略授は、勲章のリボン部分のみを服に付けるように略式化した物で、平時および戦時における軍人個人や部隊の功績の証しである。米軍では、その色とりどりで鮮やかな外見から、フルーツ・リボンと俗称される。外国軍では、朝鮮人民軍や旧ソ連軍のように勲章そのものを直接服に付ける場合

もある。しかし、見栄えはするが重く実用的でないため、通常は各国軍とも略授を付けるのが一般的である。

さて、冒頭に紹介した防衛駐在官の彼は、前任者からの申し送りで略授の必要性を痛感していた。そのため、彼は出国前に東京アメ横に所在するマニアに有名なミリタリーショップ、「中田商店」で旧軍の略授を適当に見つくろい、幾つか調達して海外赴任に臨んだ。この略授のお陰で、大使館主催のパーティーでは自然と会話も弾み、交流に大いに役立ったという。

こうして、大過なく大使館勤務を全うし、胸には自慢の略授を付けて意気揚々と帰国した彼であった。しかし、部隊で得意満面の彼に、通りすがりの一陸曹が一言。「失礼ですが、その略授、付け方が間違っとります」。勲章には勲何等と等級が存在するように、略授も上位の等級から並べて付けていくものだ。つまり、件の某国防衛駐在官だった幹部は、略授を適当に付けていたのである。実は、この誤りを指摘した陸曹こそ大東亜戦争で多数の勲章を授与された本物の歴戦の勇士で、数々の武勇談を誇る猛者であったのだ。有名な逸話である。

このように、略授はそれを見ただけで平時および戦時の功績、その軍人の経歴が一目瞭然である。正に軍人のステイタスを示す指標ともいえるが、現在の自衛隊にもこれに相当する物として防衛記念章が存在する。もっとも、現在の日本には自衛官の功績に対する勲章制度がないので、防衛記念章は勲章の略授ではない。したがって、リボンのみでメダル本体が存在せず、勲章ほどありがたみがないといっては失礼か。

ちなみに防衛記念章は、制定当初の昭和五七年（一九八二）において、一五種類だけしか存在しなかった。その後、数次に渡って「防衛記念章の着用に関する訓令」が改正され、特別賞詞受賞者に与えられる第一号防衛記念章から国家行事従事者に与えられる第三二号防衛記念章まで、全部で三二種類に増加した。平成二七年（二〇一五）現在の時点では、さらに種類が増えて、四二種類となっている（※追記令和元年（二〇一九）五月現在はさらに四八種類に増えている）。これは、国際貢献など自衛隊の海外における任務が増大したり、新たに防衛装備庁が発足するなど、組織の改編によるものだ。このように、現在ではさまざまな防衛記念章があるが、その授与資格は大きく三つに分類される。

まず一つ目は、特別賞詞から第5級賞詞を受賞した場合。これがもっとも多く、訓練・演習で活躍したことによる功績や、発明考案などによる功績での受賞がこれにあたる。他に、阪神淡路大震など災害派遣で人命救助にあたった者や、定められた時間ごとの航空無事故飛行を達成したパイロットにも授与される。また、発明考案などによる功績とは、

防衛記念章の一覧

第1号　特別賞詞受賞者

第2号　第1級賞詞受賞者

第3号　第2級賞詞受賞者

第4号　第3級賞詞受賞者（災害派遣等の行動）

第5号　第3級賞詞受賞者（航空無事故等）

第6号　第3級賞詞受賞者（発明考案・業務改善）

第7号　第3級賞詞受賞者（訓練・演習等）

第8号　第4級賞詞受賞者（災害派遣等の行動）

第9号　第4級賞詞受賞者（航空無事故等）

第10号　第4級賞詞受賞者（発明考案・業務改善）

第11号　第4級賞詞受賞者（訓練・演習等）

第12号　第5級賞詞受賞者（災害派遣等の行動）

第13号　第5級賞詞受賞者（航空無事故等）

第14号　第5級賞詞受賞者（発明考案・業務改善）

第15号　第5級賞詞受賞者（訓練・演習等）

第16号　安全功労・防災功労表彰に係る業務従業者

第17号　特別賞状受賞に係る業務従業者

第18号　第1級賞状に係わる業務従業者

第19号　将たる指揮官（方面総監・自衛艦隊司令官・等）

第20号　将補たる指揮官（空挺団長・航空団司令等）

第21号　1佐たる指揮官（連隊長・護衛隊司令等）

第22号　2佐・3佐たる指揮官（大隊長・中隊長等）

第23号　1尉たる指揮官（中隊長・艦長・隊長等）

第24号　将たる指揮官を補佐する上級曹長等

第25号　将補たる指揮官を補佐する上級曹長等

第26号　1佐たる指揮官を補佐する上級曹長等

第27号　2佐・3佐たる指揮官を補佐する上級曹長等

第28号　1尉たる指揮官を補佐する上級曹長等

第29号　内局勤務（本省内部部局勤務者）

第30号　統幕勤務（統合幕僚監部勤務者）

第31号　各幕勤務（陸上・海上・航空幕僚監部勤務者）

第32号　統幕勤務（H18.3.26以前の統幕会議事務局及び旧情報本部勤務者）

第33号　情報本部（情報本部勤務者）

第34号　技術研究本部勤務者（H27.9.30以前の技術研究本部勤務者）

第35号　装備施設本部勤務者（H27.9.30以前の装備施設本部勤務者）

第36号　防衛監察本部勤務者

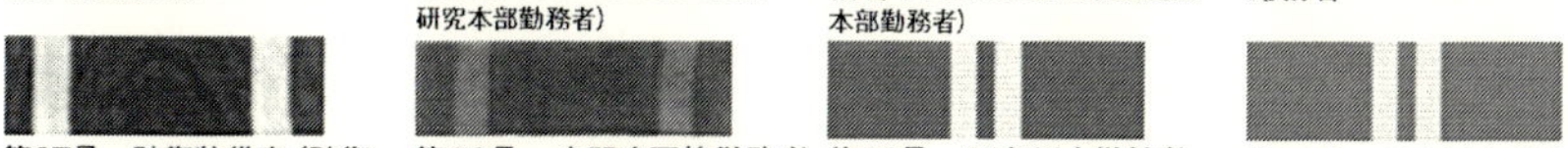

第37号　防衛装備庁（防衛装備庁の内部部局勤務者）

第38号　内閣官房等勤務者（内閣官房、内閣府又は国の行政機関勤務者）

第39号　25年以上勤続者

第40号　10年以上勤続者

第41号　外国勤務経験者

第42号　海賊対処

第43号　国内における大規模災害

第44号　国際貢献（PKO活動・国際緊急援助活動等）

第45号　国際貢献（テロ対策特別措置法）

第46号　国際貢献（イラク人道復興支援特別措置法）

第47号　国家的行事

第48号　海外訓練経験者

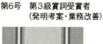

器材や工具などを使い勝手よく改善したことにより、科学技術庁長官賞を受賞した場合などである。これらの功績により、各級賞詞とともに防衛記念章が授与される。これが賞詞のみだと、賞状と同じで紙っぺら一枚にすぎないので現実感に乏しいが、防衛記念章を制服の胸に付けることにより、受賞した実感も湧くというものだ。

次に二つ目の授与資格は、特別な勤務および訓練などの経験者に対しての場合。特別な勤務の経験とは、指揮官つまり中隊以上の「部隊などの長」の経験者や、「防衛庁の内局および陸海空各幕僚監部の勤務経験者」などがこれにあたる。また、特別な訓練の経験とは、リムパック環太平洋合同演習やペトリオット地対空誘導弾の年次射撃などへの参加、海外における訓練などの経験者に対するものをいう。

ちなみに、PKOやイラクおよびインド洋派遣隊員には、国際貢献に関する業務に従事したとして第三一号防衛記念章が授与された。さらに、昭和天皇が崩御された際の「大喪の礼」においては自衛隊が国賓などの輸送支援にあたったが、この関係者には国家行事に関する業務に従事したとして第三二号防衛記念章が授与されている。

近年では、ソマリア沖海賊の対処で派遣された隊員に第三六号防衛記念章が、平成二三年（二〇一一）に発生した東日本大震災で、災統合任務部隊として災害派遣に従事した隊員には第三七号防衛記念章が授与されている。

そして、三つ目の授与資格であるが、自衛隊での勤務年数に応じて授与される場合。これは、自衛隊に入隊して勤続二五年の者に対して授与される第三三号および勤続一〇年の者に対しての第二八号防衛記念章がこれにあたる。改正前は、それぞれ第27号および第28号防衛記念章だった。その色調から、若年隊員間の俗称で前者は「緑のたぬき」、後者は「赤いきつね」と呼ばれる。なお、これらはそれぞれの年数に渡って勤務した隊員全員に授与される物である。したがって、この間、服務事故などを起こすことなく真面目に勤務しさえすれば誰でも（語弊があるが、少々おバカさんな隊員でも？）授与されることから、俗に「馬鹿記念章」とも称される。

しかし、筆者のように健康上の理由で志し半ばにして依願退職せざるを得ず、第三三号防衛記念章を授与される前に自衛隊を去る隊員もいるので、そう馬鹿にしたものでもないと思う。定年まで自衛隊勤務を全うするのは簡単なようでいて大変なことなのだ。

さて、この防衛記念章、冒頭における逸話のようにデタラメな付け方をしていては、その隊員の正確な経歴が分からない。自衛隊の人事制度における賞罰は、すべての隊員に対して公平であるのが建て前である。しかしながら、防衛記念章一つ授与するにしても「授与枠」があり、人事担当者および所属長の評価の尺度もさまざまで、なかなか本人の理想通りにはいかないものである。

一般的に防衛記念章は、それを多く付けていればハクも付くし、その隊員は優秀だといわれる。よって、実際には「俺はこれだけしか防衛記念章がないのに、奴はあんなに付けている」などと自分が正当に評価されないと思う隊員も出てくる。だからといって、授与されてもいない防衛記念章を勝手に増設したり、逆に、自己の階級および勤務年数にしては防衛記念章が少なくて肩身が狭いからと、まったくそれを付けないのは規則違反となる。

ところで、同じ種類の防衛記念章を複数授与される場合があるが、その際はどうするか。同じ種類の物を二度授与された場合は、当該防衛記念章の中央部に銀色桜星を付け、三度以上授与された場合は、同様に金色桜星を付ける。米軍の略授も同様に、複数の授与に対しては金銀の柏葉を用いてそれを表現している。

それでは、第一号から第四二号に至るまでのすべての防衛記念章を同時に付けているほどの隊員は存在するであろうか？　まずそれはあり得ない。防衛記念章は、専用の着用台に一列に三個装着するようになっている。女子隊員は一列に二個だ。男子隊員がすべての防衛記念章を同時に付けるとしたら、それが十一列にもなる。そうなると、制服の肩に近い部分にまで達してしまい、レンジャーき章や空挺き章などの装着も不可能となる。

将官クラスのように、防衛記念章が何列にもなると、その上部が襟に隠れてしまうのを防ぐ「変型着用台」という私物を使用する。それは、防衛記念章の上部に行くにしたがって、一列に三個から二個、そして一個へと減少するような形状になっている。それを使用したら、もっと列が増えてしまう。ましてや統幕議長だって五列かせいぜい六列である。すべての防衛記念章を同時に付けることは、物理的にも不可能なのである。

19　いわゆる兵科章、職種き章

「ヘイ、サージャン！　君の兵科は何だい？」

筆者は、米軍の予備役曹長からこう聞かれた。ＣＰＸ＝日米共同指揮所演習、通称「ヤマサクラ」に参加したときのことである。米軍のみならず、諸外国軍には歩兵や砲兵、工兵といったいわゆる兵科が存在する。陸上自衛隊にも歩兵に相当する普通科があり、砲兵に相当する特科がある。これらは軍事色を薄めようとするためか「職種」と称されているが、単に兵科を呼び替えたものである。

そして、米軍には兵科を表す兵科章が存在し、しかも制服用ばかりか戦闘服用の物も存在した。これに対して当時の自衛隊には、制服用の職種き章すら存在しなかった。だから、筆者には相手の兵科が一目瞭然であり、通信科であることが分かる。しかし、件の米軍の曹長にしてみれば、相手が何の兵科であるのかは直接本人に聞かないことには分からない。

そして、「航空科だ」と答えるのだが、この説明がまた大変だ。なぜなら、現在の米陸軍には航空科という兵科が存在しないからである。

第二次世界大戦後、米陸軍航空隊は二つに別れた。一方は陸軍航空隊のまま残り、もう片方は独立軍種として空軍となった。だから、米陸軍航空隊は大戦の前後で呼称が異なる。日本語ではピンとこないと思う読者の方もいるだろうから、英語で表現してみる。つまり、大戦中までは、「USアーミー・エアフォース」であったのが、「USアーミー・アヴィエーション」と「USエアフォース」に別れたわけだ。このような経緯があるため、現在の米軍には陸軍航空隊は存在しても航空科という兵科は存在しない。事実上、兵科としては輸送科の一部という位置付けである。そのようなわけで、わが国にはかつての米軍のように航空科という兵科が存在することを、拙い語学力で説明するのだった。

さて、その後制服が91式に代わり、新たに職種き章も制定された。昔から職種き章の制定を望む声は多く、待ち望んでいたのは何も筆者だけではなかったのだが、このときほど喜ばしいことはなかった。なにせ米軍など諸外国軍に比べ、飾り気のない制服である。さらに以前は略授に相当する防衛記念章もなかったのだ。予算が付かずになかなか制定されなかったこともあり、やっと米軍並みになったかという感があった。

ところで、職種き章は陸上自衛官のみが制服に付ける物で、航空や海上には存在しない。また、陸上自衛隊には普通科をはじめとする一五の職種が存在するが、き章そのものは一六種類が存在する。なぜなら、外国軍の砲兵に相当する特科職種は、野戦砲を扱う野戦特科と対空誘導弾、つまりミサイルなどにより野戦防空を担う高射特科に大別され、それぞれ異なるデザインをして制定したからである。

そのすべての職種き章についてデザインをざっと紹介すると、まず普通科職種は交差した小銃に月桂樹を組み合わせた物。諸外国の物とほぼ同様である。

次いで前述の特科職種だが、野戦砲の砲身と誘導弾が交差した「野戦特科」と、二種の誘導弾と高射機関砲の砲身が交差した「高射特科」の二種がある。

戦車を運用する機甲科は、戦車に天馬（ペガサス）を配した物で、職種き章の中で唯一左右非対称のデザインだ。次に、陣地構築など野戦築城を担当する施設科は日本の城郭を図案化した物で、米軍も西洋の城がモチーフとなっている。ちなみに、日米どちらの物も時計周りに回転させると、施設科（工兵科）を意味するエンジニアーの頭文字である「E」の字に見えるようになっているのが面白い。

そして、航空き章のウイングマークを円形にした航空科、交差した電波と狼煙を図案化した通信科、漏斗と鍵を交差させた需品科、算盤の玉を図案化した会計科はわが国独自のデザイン。火炎弾と交差したオープン・レンチ（スパナ）を図案化した武器科、車輪とステアリングを図案科した輸送科、桜に左右対称のフラスコを配した化学科、琴（ハープ）を図案化した音楽科、ヘルメスの杖に絡み付く蛇を図案科した衛生科は米軍の物に似ている。そして、警務科は警察のシンボルマークでもある旭日章がモチーフとなっている。そして、現在では新たに「情報科」が新設されて、職種き章は一六種類となった。

このように、現在の陸上自衛隊においては職種き章が制定されている。だから、冒頭における筆者の逸話のように、日米共同訓練に参加した隊員がいちいち自分の職種を説明する必要もなくなったかといえば、そうでもない。なぜなら、一部の幹部隊員を除くほとんどの隊員は戦闘服で訓練に参加しており、米軍と違い陸上自衛隊には戦闘服用の職種き章が存在しないからだ。階級章にも作業服や戦闘服に付ける「略章」が存在するのと同様、職種き章にも略章が存在してもよいのではないだろうか。そうなれば、職種き章がきっかけとなり双方の会話も弾む。共同訓練における日米の交流も一層深まると同時に、意思疎通の円滑化に役立つと思うのだが。

20　定期入れにあらず、身分証明書入れ

近年は、鉄道利用者の間で改札用ＩＣカードが普及したり、携帯電話・スマートフォンでそれが代用できるようになったため、定期券入れを買い求める人も減っているという。しかし、自衛隊においては定期入れならぬ身分証明書入れは必須の物といえる。なぜなら防衛庁や自衛隊の機関などでは、一部の部署でパスワード認証による入室を採用しているが、駐屯地や基地の営門を出入する際はラミネーターでパウチされた身分証明書を提示する必要があるからだ。

この身分証明書、いうまでもなく隊員の身分を証明するための大切なアイテムだ。顔写真とともに身長・体重・血液型はもちろん、指紋まで記載されていて、昭和時代は顔写真もモノクロだったが、現在ではカラー写真になり、駐屯地の電子的セキュリティがある部屋に入るためのＩＣチップまで内蔵されている。そして、驚くべきことに身分証明書のレプリカまで存在するのだが、さすがに悪用されては困るからだろう、旧型レプリカの身分証明書は存在しても、現行品のレプリカはないようだ。

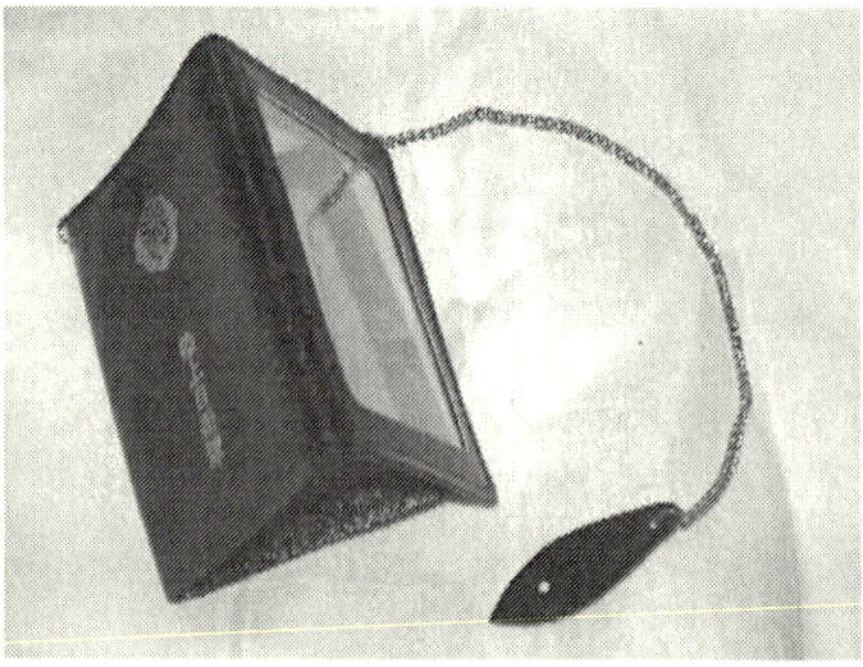

著者が在職していた頃は、多くの隊員が各自購入して常時携帯していた身分証明書入れ

一部の隊員は身分証明書を首からぶら下げたり胸に付けたりしているが、ほとんどの隊員は定期入れとほぼ同一の「身分証明書入れ」というケースに収納して常時携行している。これは、官品ではなく、各自が買い求める私物品である。だから、身分証明書入れが紛失してもどうということはないが、その中身を紛失しては大変だ。紛失するときは、当然ながらケースは紛失しても中身は無事、ということはありえない。そして、身分証明書入れには脱落防止用の紐かチェーンが付いている。隊員は、このチェーンを制服であると私服であるとを問わず、ズボンや上衣に確実に縛着するよう日頃から耳にタコができるほどに指導されている。

したがって、隊員がもし身分証明書を紛失しようものなら処分の対象となり、勤務評定上昇任などで不利になる。それ

ばかりか、上官は管理者として部下の指導監督が行き届かなかった責任を追求されるので、身分証明書を紛失した本人はもとより上官も困る。人事担当者も所属長も困るし、拾った者に悪用されるかも知れない。その影響は部隊全体に波及するわけだ。

もちろん、しっかりと縛着すれば紛失することはまずない。とはいえ、男子隊員はともかく女子隊員の私服には、スカートなど縛着に不向きな服もあるので、外出時には苦労するという。

幸い、筆者が現役隊員として勤務していた間は一度として身分証明書を紛失したことはなかったのだが、誰某が紛失したという話はよくあったものだ。

21　自衛隊の各種手帳

官公庁の手帳でもっとも有名なのは、警察手帳（IDバッジ）であろう。水戸黄門の印籠のごとく、国家権力の象徴ともいえる。もっとも、ドラマなどでよく見かけるように、捜査に際し警察手帳の表紙のみを示す、というのは誤りである。警察手帳規則第五条によれば、「職務の執行にあたり、警察官であることを示す必要があるときは、恒久用紙の第一葉の表面を示さなければならない」と定義してある。

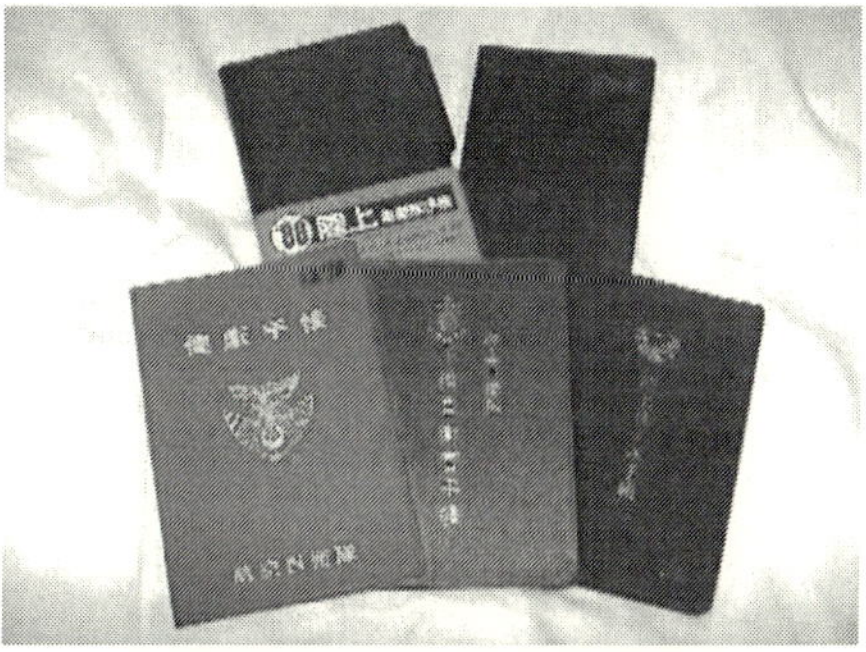

健康手帳や自衛官手帳、警務隊員手帳といった自衛隊の各種手帳

さて、警察手帳といえば、かつての旧軍には「軍人手帳」や「憲兵手帳」が存在し、現在は通販でそれらのレプリカ品が販売されている。通販の広告には「警察手帳に酷似していますので、悪用しないでください」との一文があり、マニア諸氏にもお馴染みのアイテムであろう。現在の自衛隊においては、警察手帳や憲兵手帳に酷似したものから似ても似つかぬ物まで各種の手帳が存在する。

まず、もっとも警察手帳に類似した物であるが、それは「自衛隊の中の警察」というべき警務隊の手帳である。警務隊は、諸外国軍でいうところの憲兵に相当し、部隊内における犯罪捜査を主たる任務とする。さらに、有事においては捕虜の尋問や高級幹部など要人の警護、交通統制にもあたる。その警務隊員は、職務上、特別司法警察職員としていわゆる警務隊員手帳を有している。これが黒革製で「司法警察職員の証」の金箔文字と警察手帳にそっくりなのだ。現在ではこの警務隊員手帳、日本の警察が手帳からバッジに変更したのと同様に、アメリカン・ポリス式のＩＤバッジになっている。もちろん警務隊員でなければ所持できないが、一般隊員なら誰でも所持できる自衛官手帳という物もある。

こちらは隊内売店のＰＸなどで販売されている物で、桜や錨など、陸海空それぞれのマークが入っている。この手帳は単なる手帳にすぎず、街に出回っているビジネスマン御用達の手帳と何ら変わりがない。唯一普通の手帳と異なるのは、巻末に自衛隊の主要装備の諸元であるとか、全国の駐屯地・基地の住所が記載されているくらいである。陸上自衛官手帳を例にすると、十数年前の物は黒色で金箔文字と、見た目は警察手帳にそっくりであった。しかし、最近の物は茶色の革製となり、重厚感は増したが威厳がなくなってしまい、筆者としては残念である。

他に、陸海空自衛隊の「健康手帳」という物も存在し、これは隊員の健康管理用として個人に渡される物だ。陸海空でそれぞれ色が異なり、陸は緑で空は赤に白文字、といった具合で威厳も何も感じられない。また、予備自衛官に交付される「予備自衛官手帳」という物も存在する。こちらは、顔写真を貼付し身分証明書も兼ねた手帳である。いずれにしても、威厳という点からは警務隊員手帳に勝る物はないだろう。

22 陸は「外出」、海は「上陸」

旧海軍でも入湯上陸が楽しみであったように、海上自衛隊の艦艇乗組員にとって、寄港時に許可される上陸ほど待ち遠しく楽しみなものはないだろう。なにしろ艦内での飲酒は御法度だ。これは、酒豪を自称する隊員にはかなり辛いものがあるのではないか。

ノンアルコール・ビールでは満足できないだろうし、酒の代わりにというわけでもあるまいが、酒保の人気定番商品であるアイスクリームには数に限りがある。艦艇乗組員は家族のようなもので、その連帯感や団結心は陸や空の部隊の比ではない。それが、アイスクリームの争奪戦で一悶着ともなれば、団結心など隊員の士気にも関わるといっては大袈裟か。各艦艇の先任伍長殿も、アイスクリーム一つで若年隊員の団結と士気の維持には苦労されているようだ。ある米海軍の提督は、「海上自衛隊は、禁酒という米海軍の悪い部分まで真似してしまった」と述べているくらいである。一部のフネは別として女子隊員（ＷＡＶＥ）が乗組んでいるわけでもないから、女っ気などまったくありゃしない。水上艦艇の乗員はまだしも、潜水艦乗員の生活環境はもっと過酷だ。

このように、艦艇勤務の海上自衛官にとっては待望の上陸だが、その際に交付されるのが「上陸証」である。隊員の個人装備ではないが、ここに紹介しておく。これは、数センチ角の樹脂あるいは木製の物で、陸や空の隊員も外出時には同様の物を交付され、こちらは「外出証」と称する。基本的には、営内者つまり隊内に居住する独身隊員が駐屯地から外出する際に交付される物だ。例外的に、既婚の隊員であっても入校中の場合は外出証が交付される。

自衛隊の営内者は、そのすべてが一度に外出できるわけではなく、外泊や帰隊時刻などの外出時間も規則で厳正に定められている。「即応体制の保持」、つまり平素から災害派遣や防衛出動などに備えるためである。だから、隊内には不測事態に対処する待機要員として残留者が存在し、また、誰某が外出していることを当直が把握している。民間の社員寮や学生寮と異なり、「じゃ、出掛けてきます」「ああ、そう」の一言で外出できるわけではないのだ。

23　映画にも登場した身体歴

読者諸氏は「身体歴」という物を御存じだろうか。この身体歴、駐屯地や基地の医務室で毎年実施される、隊員の定期健康診断などのデータが記載されているもので、入隊から退官に至るまで使用される。当たり前だが新隊員の物は薄っぺらで、定年間近のベテラン隊員の物は中身が追加されて行くのでかなりの分厚さがある。

その内容だが、身長体重は元より病歴などの健康状態に関して個人のデータが記載されている。だから、自分の物を他人に見せる分には構わないが、他人の物を勝手に盗み見たりするのは問題がある。もっとも、同性であれば他人の記録を見ても面白くも何とも思わないだろうが、男子隊員にとっては女子隊員のスリーサイズが気になることだろう。

だからといって、本人の許可なく盗み見て他人に教えて周囲に広めようものなら警務隊の御用となるので、現役の男子隊員諸官、とりわけ身体歴の管理担当者はくれぐれも気を付けられたい。などといっては余計なお世話か。

24 死亡したときのための……自衛隊の認識票

自衛隊に限らず、各国の兵士は軍に入隊すると認識票を支給される。認識票とは、一般的に兵隊個人の氏階級、認識番号、血液型などを記載した金属製で数センチ角の札である。現在では、各国軍とも小判型の形状をした物が主流であるが、旧軍や第一次世界大戦時の米軍の物のように円形の物もあれば、ドイツ軍のように楕円形の物も存在する。また、自衛隊の認識票にはないが、米軍の物には兵隊個人の宗派まで記載されている。この辺は、多民族の国民により構成される米国らしい部分である。

この認識票、兵隊の身分を証明する物ではあるが、いわゆるIDカードなどとは死亡時に身元確認をするための物である点が異なる。

これは、大抵の場合二枚一組となっていて、当該兵士が平時の訓練中に事故死したり戦死した場合、認識票の一方は遺体に付けたままにし、もう一方は回収され人事担当者の元へ送られる。

第二次世界大戦時のドイツ軍のように二枚一組ではなく、楕円形をした認識票の中央部を折って切り離し、その片方を回収するようになっている物もある。

かつては木製の材質でできていた時代もあったのだが、焼死した場合には認識票本体も燃えてしまうため、現在では各国軍ともアルミもしくはステンレスなどの金属製が主流である。

もっとも、アルミ製では撃墜された航空機が炎上した場合、それに乗っていた兵士の遺体が炭化するほどであれば認識票も高温で溶けてしまう。そのため、素材としては現在ではステンレスが多く用いられている。

さてこの認識票、DNA鑑定による身元確認方法が確立された現在においても、その存在意義に変わりはない。多くの場合、各国軍とも認識票を首からぶら下げているのだが、戦場においては首が吹き飛ぶような悲惨な戦死を遂げることが往々にしてある。

そのため、首と共に認識票が二枚とも行方不明となり、身元確認が困難な場合がある。そこで、ベトナム戦争時の米兵の中には、ジャングル・ブーツの中に片方の認識票を入れておく者もいたという。これならば、首と足を同時に吹き飛ばされない限り、どちらか一方の認識票は回収されるというわけだ。

ところで、認識票を米軍の俗称でドッグ・タグという。これは、犬の首に付けていた鑑札に由来する。一九八〇年代の半ば、米軍はこのドッグ・タグをデジタル・タグと称し、マ

二枚一組になっている自衛隊の認識票。ただしすべての職種に配られているわけではない

イクロチップ化して、兵隊の個人情報一切を管理しようとしたことがあった。しかし、専用のデータ読み取り器材を必要とし、戦死したその場で即座に情報を読み取るのが困難なことや、過酷な戦場での耐久性が疑問視され、戦場では不向きであるとして採用されなかったようだ。

自衛隊の認識票は、第二次大戦時の米軍のそれと似た形状であるが、文字列の刻印は米軍より浅めで見づらい。しかも、防音のためのサイレンサーが透明のビニールカバー状の物で、肌に張り付いたりして不快である。写真の自衛隊認識票はレプリカで、チェーンとサイレンサーのカバーは実物払下げ品なのだが、浅くて細い刻印を正確に再現している。ここはひとつ米軍のように、認識票の縁部分のみを覆うゴム製のタイプに改善していただきたいものだ。

また、米軍の場合、すべての兵士に認識票が支給されているのだが、自衛隊では、予算的制約から未だにすべての職種に認識票が行き渡っていない。自衛隊もイラク派遣などで自爆テロの脅威に曝されるようになった現在、早急に改善を要する必要がある。速やかに全隊員に認識票を交付していただきたいものだ。

25　やっぱりダサい？　作業帽の話

陸上自衛隊では、作業服と同色の作業帽も隊員に二つ貸与される。正帽は男女でデザインが異なるが、この作業帽は男性用も女性用もまったく同一形状である。にもかかわらず、品名が異なっていたりする。

女性自衛官用の物は「作業帽、陸、女子」という名称で、男子隊員の物は、単に「作業帽、陸」である。男の自衛官をわざわざ男子自衛官と呼ばないのと同じ理屈であろう。

そういえば、女性の警察官をかつては「婦警さん」と呼んでいた。それに対し、男性の警察官をお巡りさんと呼ぶことはあっても、女性の場合はそうは呼ばれない。では女性の警察官を何と呼べばよいのだろう。「女警さん」ではヘンだ。

自衛隊でも警察や消防に倣い、「婦人自衛官」から「女性自衛官」に呼称変更した。それにともない、女性自衛官教育隊、略して「女教隊」または「女教」なのだが、これが電話では紛らわしいことこの上ない。

「今度、「じょきょう」から「じょきょう」が転属してきてさ……」漢字にすると、「女教から助教（教官の助手の意）が」となる。


さて、本題に戻る。

自衛隊の作業帽は、つばの付いた円筒形をしておりどことなくダサいデザインである。その昔、ミリタリーショップの通販で、このような形状の帽子が「カストロ帽」とか「カストロ・キャップ」という名称で販売されていた。どうやらキューバのカストロ首相の被っている帽子に形状が似ていることからそう呼ばれていたらしい。

このカストロ帽型の陸自作業帽、旧日本軍の戦闘帽やそのデザインを踏襲している警察などの略帽に比べるとまだマシだとは思うが、万人受けするデザインとはいいがたい。何も筆者の個人的見解としてダサいというだけではなく、実際、多くの隊員からも不評だという話を聞く。現在は、新迷彩の戦闘帽が普及しているが、デザインは作業帽とまったく同一で、迷彩になっただけマシだという隊員も多い。

その点、欧米各国軍の戦闘帽は野球帽スタイルの物が多く、実に格好いい。海自や空自の作業帽も野球帽型であり、陸自でも、昭和四〇年代までは米海兵隊の「八角帽」型デザインの作業帽であった。角が付いた八角形をしており、現在の作業帽よりこちらの方が好みであるのだが、筆者が入隊したときにはすでに現行の作業帽に変更されていた。その形状から「丸天帽」という俗称で呼ばれているが、あまり恰好のよいデザインではないと思う。

ともかくこの作業帽、最近は部隊識別帽や新迷彩（迷彩2型）の戦闘帽の普及により、着用の機会も減った。この帽子の天井部内側に、PXで販売している円形のピアノ線を入れて角を立て、形をつけるのが慣習となっている。

しかし、すべての部隊でこれが慣習となっているわけではなく、後述するが航空科職種においてはこれを禁じている。

とはいえ、防衛庁仕様書でピアノ線を入れる仕様にはなっていないし、服装規則にも定められていないのだから、「勝手にピアノ線を入れるのは不正改造で、規律違反だ」とは誰もいわないから不思議である。

もっとも、不正改造といえばこの作業帽には顎紐がなく、風で飛びやすい。そこで、本来の仕様にはない顎紐を付け、改造することがある。レンジャー課程の隊員を別にすれば、航空科職種ではすべての隊員が、帽子に顎紐を付けなくてはならない。

帽子が飛ばされて、航空機の空気取り入れ口から吸い込んだり、プロペラやヘリコプターのローター・ブレードに巻き込んだりして損傷を与えないためである。航空用語でフォーリン・オブジェクト・ダメージ（F・O・D）と称するのだが、万一そうなったときに被害を最小限に止《とど》めるため、航空科職種の部隊などでは、作業帽にピアノ線を装着することが禁じられているわけだ。

ところで、この作業帽は型崩れしやすいのが難点である。自衛隊は、室内では脱帽する規則になっているので、廊下に帽子掛けがない場合、手に持つかどこかに置くことになる。それも不可能な場合は、腰の後ろの弾帯につばを差し込んでおく。

しかし、うっかりそのまま腰掛けようものなら帽子の円筒形をした部分が圧縮されてしまい、数回これを繰り返すと、支給当初の綺麗な円筒形には二度と戻らない。なぜピアノ線を装着するようになったか定かではないが、型崩れを防止するためでもあるのだろう。

やはり筆者としては、米海兵隊式の旧型作業帽の方がよかったように思う。あれならば、アイロン・プレスで角を立てられるのでピアノ線も不要である。新迷彩の戦闘帽をこのデザインに変更し、顎紐付きの仕様ならば実用・デザインの両面から見ても最高ではないだろうか。

事実、一部の駐屯地のPXでは同型の物が販売されていて、レンジャー課程学生などが使用しているほか、空挺および普通科部隊などでも私物として購入する隊員が多く、好評を博しているという。

26　部隊ごとにデザインする識別帽の話

さて、続いては識別帽である。一九七〇年代の陸自航空科部隊には、「整備帽」という帽子が存在した。それは、野球帽をひと回り大きくしたような帽子で、内側にプラスチック製の作業用ヘルメットが付属していた。そして、帽子の前面には部隊ごとに異なったデザインのシンボルマークがあった。航空機の機付長は、その帽子が被れることを誇りとして整備に励んでいたという。

しかし、制式品でありながら、いつ頃か頭のカタい中央の「お偉いサン」が、これを禁止してしまった。どうやら、米軍のような派手でラフなスタイルが軽薄すぎる、ということらしかった。

ところが、それから何年かして、野球帽型の「部隊識別帽」なる物の着用を認めるから「各部隊ごとに制定せよ」ときたもんだから、アホらしい限りである。

ちなみに筆者が陸士の頃、その識別帽のデザインを部隊内で公募するというので応募したのだが、あまりに凝りすぎたデザインであったため、採用されなかった。部隊識別帽というだけに、遠方からでも所属部隊を識別できないようでは意味がないからだ。

当時は、自分のデザインした識別帽が部隊の伝統継承のシンボルになれば、と気合いを込めて応募しただけに悔しい思いをしたものだ。

しかし、その数年後に自分の原隊つまり所属部隊は、改編のため識別帽とともに廃止されてしまった。因果なものである。

さて、この識別帽、部隊ごとにさまざまな色やデザインの物が存在する。まず色彩面についてだが、一番多い色は無難な紺色で、次いでシックで精強感のある黒、視認性重視の青、赤の順であろう。ごく少数だが、ピンクや蛍光グリーンといったド派手な色も存在する。

識別帽の制定権者は各部隊などの長となっているので、色彩やデザインには、指揮官の感性や好みもかなり反映されているといえる。つまり、頭のカタい人なら「派手な色は好かん。紺にせい！」となるし、柔軟思考の人なら「この際ピンクにしようや」となる。

次にデザインである。基本的には、英語標記の部隊名や駐屯地（あるいは基地）名に、職種のマークや装備品を形取った図柄などを配して刺繍したものが多い。

筆者のまったくの主観にすぎないが、全般的に、陸自の識別帽は色彩およびデザインとも千差万別。空自の物は、飛行隊の、いわゆるスコードロン・キャップはシンプルなデザインだが、支援部隊の物は動物を擬人化した凝ったデザインが多い。海自の物は空自と逆で、陸《おか》の基地に勤務する支援部隊の物は比較的シンプルで、護衛艦などの艦内帽には凝ったデザインの物が多いように感じる。

最近は、陸自の航空科部隊も飛行隊ごとにパッチをデザインし、航空祭などで販売するようになった。機甲科部隊でも、以前は非公式だった戦車などの中隊マークを常時ペイントするようになった。

陸自が識別帽を制定したのは、前述の通り一九八〇年代の半ば頃からであったが、海自や空自では、それ以前から「ショップ帽」なる識別帽の前身ともいえる物が存在していた。また、航空ジャンパーにスコードロン・パッチなどのワッペンを縫い付けることも定着していた。それだけに、識別帽に限ったことではないが、各種マークのデザインセンスに関しては、海自や空自に一日の長があるといえよう。

ところで、この識別帽は制式品ではあるが、官給品ではない。各自が自費でＰＸの業者（スポーツ用品店であることが多い）から購入する物であり、部隊を転属するたびに買い替えることになる。

　まあ、退官後も自分の手元に残るから、「北海道から沖縄まで、これだけの部隊に勤務したんだなあ」と感慨に浸りつつ、取っ替えひっ替えしながら、ゴルフや釣りに被って行けばよいことではあるが。

27　秘密のベールに包まれた特殊作戦群の被服と装備

　平成一五年（二〇〇三）度末に新編された特殊作戦群は、陸上自衛隊初の特殊部隊である。米軍のデルタ・フォースを範として編成された約三〇〇人規模の防衛庁長官直轄部隊で、第一空挺団以上の精鋭揃いといわれている。

　それは、所属する隊員の必須資格として、体力検定一級であることが要求されることからもおわかりだろう。部隊編成にあたっては、かなり人材確保に苦労したようで、空挺団からもかなりの隊員が引き抜かれたようだ。

　空挺団のモットーが「精鋭無比」なら、こちらは「精強無比」といったところだろうか。そして部隊の任務性格上、その細部は謎に包まれている。

　なにしろ、指揮官である特殊作戦群長の官姓名すら公開されていないのだ。編成・装備について公開されていないので、当然ながら特殊作戦群の隊員が、どのような被服や個人装備を使用しているかについても一切不明である。

　しかし、特殊作戦群編成完結式において唯一公開された写真を検証すれば、彼らの被服と装備についてある程度推測することは可能だろう。

　この唯一の写真、群旗授与の場面を後ろから捉えたものである。後ろ姿という点が実に残念だが、防衛庁としても群長の面《つら》が割れるアングルの写真を公開するわけにもいかないだろうから、仕方がない。

　さて、そんなわけで検証に移ることとしよう。まず着用している被服の「戦闘服、特殊作戦用」だが、色は濃紺。機動隊の出動服の色に酷似している。腰部にポケットが位置しているように見えるので、従来の作業服に近い造りではないだろうか。普段はこの服装なのだろうが、状況によっては迷彩2型や砂漠迷彩の戦闘服も着用するのだろう。そして服の上から黒色のベスト状の物を着用しているが、恐らくイーグル社などのタクティカル・ベストではないかと思われる。右太腿部には、黒色のレッグ・ホルスター（タクティカル・ホルスター）のような物を装着しており、これもイーグル社

2004年3月、習志野駐屯地に発足した陸上自衛隊唯一の対テロ・対ゲリラ部隊である特殊作戦群

などの市販品だろう。あるいは、普通科部隊で使用している、サファリランド社製の6004かも知れない。

そして、紺色ベレーである。「91式制服とベレー帽」の項でも述べたように、ベレーは精鋭の証しである。米陸軍の特殊部隊は、知名度からいえばグリーン・ベレーが一番であろう。そのグリーン・ベレーは、正式には特殊作戦群と呼称する。これに対し、同じ特殊作戦群でもわが国の場合は紺色である。黒ベレーだったら、将来は部隊の内外から「ブラックベレー」の愛称で呼ばれることとなっただろうが、紺色であるから通称では何と称するのだろうか。

最後に群旗の色にご注目いただきたい。陸上自衛隊の隊旗は、普通科であれば「赤」、航空科なら「あさぎ色」といったように職種ごとに色で区分されており、白は元来空挺を表す色であった。

その昔、第一空挺団の部隊章が存在しなかった頃、空挺団の隊員は東部方面隊の部隊章を制服に着用していた。この部隊章の上部の職種標識色が「白」であったのだ。空挺は職種ではないが、精鋭部隊たる戦略予備としての特別な存在であることから「白」にして区別したのだろう。その後、空挺団の現在の部隊章が制定されるに伴い、旧部隊章は廃止された。

筆者は、米陸軍の兵科にも特殊作戦科が存在するように、この「白」という色を「特殊作戦科」という新たな職種を制定するために復活させたのではないか、と思っている。

写真から推測できるのはこの程度であるが、それ以外の装備などに関しても、わが国の最精鋭部隊であるならばかなり高度な装備を貸与されていると思われる。対人狙撃銃やスタン・グレネードはもちろん、個人用暗視装置やＧＰＳ、ダットサイトやレーザーサイト、サーマル・イメージャーなども最適な物を選択して装備しているに違いない。

特殊作戦群は新編以来、一〇年以上が経過した。やっと初度作戦能力を持つに至ったようだが、諸外国の特殊部隊と比較して、その歴史は浅く実力も未知数だ。まだまだ演錬の必要があるが、将来的に真の意味での精鋭部隊になっていることを望まずにはいられない。紺色ベレーは伊達ではないのだ。

28　ケブラー製なのに「鉄帽」？

一九八〇年代以降、先進各国軍は軍用ヘルメットの材質をケブラー製に変更した。正確には「芳香族ポリアミド系繊維」を樹脂で固めて整形した物で、いわゆるケブラーはデュポン社の商標である。

わが国も世界の趨勢に合わせてケブラー製ヘルメットを開発し、「戦闘鉄帽、88式」として制式化した。繊維メーカーの大手である東レ（正確には合弁会社である東レ・デュポンだが）の開発によるものだが、東レは、他にも戦闘防弾チョッキを手掛けていることでも有名だ。

それにしても、ケブラー製なのに「鉄帽」とは変な名称である。戦前も正式には鉄帽と称したが、兵隊間の通称は「鉄兜」であった。日本語ではヘルメットを兜と訳す。材質は鉄ではないので「戦闘兜、88式」と称した方が、より適格な表現ではないかと思うのだが。

とにかく、平成元年（一九八八）に88式鉄帽が制定されるまで、陸・海・空の各自衛隊には「66式鉄帽」という国産ヘルメットが装備されていて、現在でもまだ一部の部隊などで使用されている。

この66式鉄帽、見た目は米軍のヘルメットであるＭ-１／Ｍ-１９５６／Ｍ-２にそっくりだが、わずかに縁が広い。このため、この縁の部分が、64式小銃での照準時に照門にぶつかり、照門が倒れてしまうことがある。

筆者と同年代か、それ以上の世代の自衛官なら一度や二度は経験したことがあるだろう。危機管理のスペシャリストで、元フランス外人部隊伍長であった毛利元貞氏も著書で指摘しているほどである。

照星・照門が折り畳み式であるという64式小銃の構造そのものに問題があるとはいえ、これでは先に敵に撃たれかねない。錯雑地や屋内における至近距離での不期遭遇戦ならともかく、近・中距離においては、さすがに照準せずに撃ち合うわけにはいかないであろう。

では、なぜこの66式鉄帽が米軍のヘルメットとまったく同一形状でないかといえば、人種により頭骨の形状が異なるからである。国民がさまざまな人種から構成される米国では、さすがにそれぞれの専用ヘルメットを用意するわけにもいかないので、米軍のヘルメットは、最大公約数的にアングロサクソン系の頭骨に合わせて設計されている。だから、見た目には判然としないがヘルメットの頭頂部がわずかに尖っているそうだ。

88式鉄帽2型を着用した陸上自衛隊員

それに対して、66式鉄帽は日本人が着用するので、モンゴロイド系特有の、割と扁平な頭骨に合うように設計されているという。読者諸氏で米軍のヘルメットを被ったことがある方は、何となくしっくりこない違和感を覚えたはずである。

その昔、まだ米軍供与のヘルメットと66式鉄帽が混在して装備されていた頃、陸自の需品補給処（現在の関東補給処松戸支処）で、ヘルメットの外帽のみを重ねて保管していた。同じヘルメット同士だと結構バランスよく積み重ねることができるが、見た目には区別がつかず、両方のヘルメットを混在して積み重ねると、徐々にズレてきて崩れることがしばしばあったそうである。

さて、このように66式鉄帽の形状は、参考にした米軍の物と微妙に異なるが、構造自体はほとんど同一である。内側に、自衛隊では中帽と称するポリカーボネイト樹脂製のヘルメット・ライナー、そして、その外側にはマンガン鋼製の外帽を被せる二重構造となっている。これは、なかなか優れた構造で、外帽と中帽のわずかな間隙が、被弾時における弾道を変化させてくれる効果もいくらか期待できる。

実際、それを端的に示す逸話がある。第二次世界大戦時のヨーロッパ戦域において、ある米兵のヘルメット前方に命中した小銃弾が、頭部をぐるっと一周して外へ出て行き、命拾いしたという。

このような話は、自衛官や軍事マニアなら一度は耳にしたことがあるだろうが、これは極めて稀なケースで、跳弾とならずに弾が旋回し、射入孔もしくはその付近から弾が出て行くというのは、多分に運の要素が大きいといえよう。

しかし、この二重構造のヘルメットが、従来各国で使用されていた物より優れていたことは疑いの余地もなく、故に、第二次世界大戦後の各国軍でも盛んに模倣され、類似品が採用されたのである。

また、この中帽、戦闘時のみならず平時においても実に便利である。つまり、弾が飛び交うことのない日常の軽作業や警衛勤務時には、軽い樹脂製の中帽だけ被っていればよいからだ。だから、88式鉄帽が普及した現在でも、警衛勤務時や乗車時に着用するため66式鉄帽の中帽だけは廃止していない。もっとも、情勢が緊迫し武装したゲリラなどの襲撃が予想される場合には、警衛勤務でも鉄帽を被り完全武装となる。

一方、最新型の88式鉄帽はどうかといえば、形状は俗にいうフリッツ・ヘルメット型である。この種のヘルメットの先駆となった、米軍のＰＡＳＧＴヘルメットが第二次世界大戦時のドイツ軍M-35型ヘルメットに似た形状だったことから、米兵のスラングでドイツ兵を意味するフリッツと称するわけだ。

このように、一見、米軍のＰＡＳＧＴヘルメットにそっくりなのだが、細部は多少異なる。まず、側面から見て耳を覆う部分がＰＡＳＧＴヘルメットに比べて浅めとなっているが、これは号令などの外部音を聞き取りやすくするためであるという。また、内装も米軍の物とは調節方式が異なっている。さらに、ＰＡＳＧＴヘルメットでは、内装取り付け用のビスまでが本体と同色で塗装されているのだが、88式鉄帽ではそうした配慮はなされていない。

もっとも、通常は新迷彩の鉄帽覆いを被せて、鉄帽本体を剥き出しで使用することはまずないため、ビスが目立つかどうかの比較はあまり意味のないことではあるが。そして、米軍はＰＡＳＧＴヘルメットからＭＣＨやＡＣＨといったような、防護面積を減らしてでも軽量化を追及し、さらに小銃弾も防ぐヘルメットに進化した。これに対して、88式鉄帽の後継はまだ登場していない。平成二七年度（二〇一五）の防衛省公告・告示では、88式鉄帽（2型）が調達される予定になっているのだが、これはあくまで改良型だ。デザインは同一でありながら、軽量化がなされている。つまり耐弾性は従来と変化ないが、防護面積を減らすことなく、重量が減少したわけである。

防衛省の技術研究本部が試作した88式鉄帽の後継ヘルメットは、先進装具システム（後述）の開発に活かされていて、このヘルメットが一般部隊にも配備されれば、88式鉄帽の後継ということになるのだろう。したがって、近い将来には小銃弾をストップできる新型鉄帽も登場すると思われる。一方で米軍特殊部隊が使用する、超軽量だが耐弾性のほとんどない「カーボン・ファイバー製ヘルメット」は、習志野駐屯地に所在する特殊作戦群などで用いても、一般部隊では輸入・国産を問わず、装備されることはなさそうだ。

ところで、88式鉄帽はケブラー製ヘルメットとはいっても、砲弾片などから頭部を防護するためかなりの厚さがあり、従来の鉄帽とほとんど重量は変わらない。もちろん、開発に際して実射による耐弾試験も実施しているが、あくまで試験であって、実際の戦闘状況下での耐弾性を保証することはできない。しかも、ケブラーは湿潤により耐弾性が低下する欠点も有している。

それでは、戦前の国産ヘルメットはどうであったか。かつての帝国陸海軍の九〇式鉄帽は、ニッケル・クロム鋼製で材質だけでいえば世界一であった。

米軍が実施した、小銃による同一射距離においての実射試験では、外帽だけなら米軍のヘルメットより耐弾性が高かったという。実戦下での耐弾性を数値に表すのは困難ではあるが、当時の従軍兵士の手記などによれば、実戦における耐弾性も概ね良好であったようだ。

ただ、九〇式をはじめとする戦前・戦中の鉄帽は、硬い反面剛性に乏しく、実戦では被弾時に割れることが多かったようである。もっとも、割れることにより衝撃を緩和する効果もあるので、この材質で外帽と中帽の二重構造になっていたら、大東亜戦争を戦った我が皇軍兵士の生存率向上に、幾らかでも寄与できたのではあるまいか。もし、筆者が鉄帽を設計するなら、そのようにしたであろう。

現代の各国主力戦車の装甲には、多くの場合セラミックスなどを圧延防弾鋼板でサンドした複合装甲や中空装甲が採用されている。それと同様に、ニッケル・クロム鋼製の外帽とケブラー製の中帽を組み合わせるわけだ。

29　顎紐は留めるべきか？

ところで、顎紐を英語では「チン・ストラップ」という。

66式鉄帽の外帽のチン・ストラップ、則ち顎紐は文字通りただの平織りの紐にすぎず、昔の九〇式鉄帽の顎紐とほぼ同型である。

留め具などはなく、形状も昔と同じなら結び方もまた昔と同様、紐自体を結んで留める方式で、この結び方がまた面倒なのだ。単純に一重に結ぶのではなく、顎の前後を挟むように二重に結ぶのだが、この方法を、具体的に教範で記述しているわけではない。そもそも、個人装具の装着要領を示したマニュアルが存在しないのである。

筆者の知る限りにおいては、「73式大型背のう」と「衣のう」を除き、この種の取扱書は皆無に等しい。ただ、最近の戦闘装着セットには取扱書が存在するようで、担当者の努力が感じられる。

とにかく結ぶのが面倒なため、筆者をはじめ多くの自衛官が、PXで販売されているワンタッチ式留め具付き、あるいはローラー・バックル式留め具付きの顎紐を使用していた。その中で、筆者の先輩にはあえてオリジナルの顎紐にこだわる人もいて、いかにも年期の入ったベテランという風情であった。

さて、その顎紐であるが、自衛隊では66式鉄帽を被ったとき、中帽の顎紐は外帽のひさしに掛け、外帽の顎紐だけを顎に掛ける。もっとも、そうしろと記述した教範が存在するわけではなく、教範の写真に登場するモデルの隊員がそのようにしているだけである。

外帽・中帽とも両方の顎紐を同時に顎に掛けたら、より安定しそうなものだが、実戦下においてはこれは極めて危険である。ベトナム戦時の記録写真などでは、ヘルメットの顎紐をしていない兵士の姿が散見される。一見だらしない印象であるが、実は利にかなったスタイルなのだ。迫撃砲などの至近弾による弾着時の爆風で、ヘルメットが後方へ持って行かれることがあるそうで、この際、顎紐をしっかり装着していようものなら首の骨が折れるというのだ。有名な逸話なので、読者諸氏も聞いたことがあるだろう。

だから、米軍ヘルメットの外帽の顎紐は、ある一定の外力が加わると外れるような構造になっている。さらに、兵隊には顎紐を常時フリーにしておくよう、日頃から指導していたそうである。自衛隊の鉄帽の顎紐は、現在の88式の物もそうだが、PXで販売されている私物品にもこのような構造の物は存在しないので、改善を切に願う次第である。

米国防総省の統計資料によれば、ベトナム戦における兵士の死亡原因の約三割が砲弾片によるものだが、その中には破片の直撃を受けることなく、爆風による頚部骨折が致命傷となったケースもかなり含まれているという。

このように、顎紐ひとつの例を取ってみても、自衛隊では教範などによる具体的な説明がなく、教官・助教などの口頭による伝承や慣習となっていることのなんと多いことか。本来なら、このような些細なことでも命に関わることもあるのだから、なぜそうするべきか理由を記し、教範などで明文化しておくべきだと思う。

30　もっとも身近な愛用品！　作業服と戦闘服

陸上自衛隊に入隊すると、二着の作業服が貸与される。新聞などで、「カーキ色の作業服を着た自衛隊員が……」という表現を見かけることがあるが、陸自の作業服はカーキ色ではない。色はOD色で、ODというのはオリーブ・ドラブの略である。

これに対して、カーキ色とは黄土色に近い茶褐色で、ヒンディー語の「土」が語源となっている。この色、戦前は旧軍をはじめとする各国軍で採用されていた標準色で、わが国では国防色とも呼称されていた。一九世紀中頃、インドのパンジャブに駐屯していたイギリス軍のハリー・ラムズデン中尉が考案した、現地の気候風土に適した服の色からそう呼ばれるようになったという。

そして、この作業服の色、オリーブ・ドラブというには緑が強く、ダーク・グリーンに近い色である。濃緑色というべきか。ODとは、もっと灰色味の強い汚らしい色なのだ。もっとも、一口に濃緑色といっても色を文章で表現するのは実に難しい。色の識別には、マンセル値を用いた色見本を用いるのが一般的だ。とはいえ、フルカラーの書籍でない限り、マンセル値だけを並べてみたところで分かりようがないが。ちなみに、米軍のOD色は茶色味の強いダーク・グリーンである。

さて、この作業服、一九八〇年代の半ばから陸幕長のお達しで「戦闘服」と称することとなった。といっても、正式名称は現在でも「作業服」である。というのも、この作業服の仕様は陸上自衛隊が定めているのではなく、防衛庁仕様書で定められているからである。その仕様書上での名称が「作業服、陸」なのだから、いくら陸幕長が偉かろうが、防衛庁長官の承認なしに名称変更などできはしない。その経緯は今もって不明だが、現在でも制式名称は作業服である。

かつて、ミリタリーショップの中田商店が自衛隊払い下げ被服を販売していた際、客から「なぜ自衛隊の戦闘服を作業服の名称で販売しているのか」と問い合わせがあったそうだ。単に銘板に65式作業服と記載されていた通りの品名で販売していただけにすぎないのだが、諸外国軍では戦闘服に相当する物を作業服といい換えるのは、いかがであろうか。

さてこの作業服、作業服とはいうけれども日々の作業などの業務以外でもいつも着ている服である。いわば、陸上自衛官の普段着である。一般的に、隊員は課業終了後にはジャージなどのラフな格好でくつろぐことが許可されているが、当直室などに出入りする際は、上衣のみは作業服を着用することになっている。つまり休暇および外出で私服を着用する以外は常に作業服、といっても過言ではない。隊員にとってもっとも身近な愛用品である。

しかし、この作業服、かなり厚手の生地なので夏に着用するには暑苦しい。そこで、訓練時以外の業務においては、作業服上衣に替えて91式夏服第三種の開襟半袖シャツの着用が認められている。しかし、色がクリーム色というかベージュというか汚れの目立つ色なので、整備作業などには不向きである。旧軍には濃緑色の防暑衣股が存在したし、自衛隊にも沖縄などで勤務する隊員用に防暑服が存在する。高温多湿の日本のこと、夏用作業服でも制定したらどうかと思う。北国生まれの北国育ちであった筆者には、関東の夏の暑さですら閉口したものだ。

ところで、この作業服、綿とビニロンの混紡であり、材質の綿からは大変よろしい。純綿だけだと火が着きでもしたら燃え上がる。化学繊維だけだと溶けて肌に付着し大火傷を負う。現在では販売されていないが、その昔、PXではノー・アイロンと俗称された私物用作業服が販売されていた。このノー・アイロン作業服、官品も一時期存在していたらしい。

一度アイロン掛けをするとプレスした線が消えにくいことから隊員に好評であったのだが、それを着用した隊員が火だるまとなる事故があった。だから、材質という点では非常に結構である。また、俗に新迷彩と称される現在の戦闘服は、綿と難燃ビニロンの混紡となってさらに燃えにくくなっており、大変よろしい。

しかし、この作業服、上衣がスライド・ファスナー、つまりチャック式でズボンの中に上衣の裾を入れるという点は好ましくない。これでは匍匐時に上衣に砂や泥が入ってしまい不快だし、激しい戦闘行動時には上衣の裾がズボンから出てしまい、行動の阻害となる。だから、現行の新迷彩の戦闘服ではボタン式で、上衣の裾を出す形式となったのはよろしい。

しかしながら、ズボンの前合わせがファスナーではなくボタンなのはいかがなものか。作業服が新品のうちは生地も硬く、トイレに行く度に指が鍛えられるようなもので、冬に指がかじかんでいたりしたら、用をたすときに最悪だ。

「上着の方こそボタンでよいのに、スライド・ファスナーとは何だ」と隊員にはすこぶる評判が悪い。ズボンの前合わせがボタン式なのは、ファスナー式だとモノを挟んでしまったら痛いからだ、というのは冗談だが、ファスナーが故障して閉まらなくなったら困るからだという話がある。本当だろうか。筆者は二〇年近く自衛隊に勤務していて作業服上衣のファスナーが閉まらなくなったことは一度もない。もっとも、自衛隊の被服には各々耐用年数が定められており数年ごとに更新するので、二〇年間同じ作業服のファスナーが故障しなかったわけではないのだが。ともかく、今や米軍やNATO各国軍もYKKのファスナーを採用するくらいである。日本のスライド・ファスナーの品質は世界最高ではなかろうか。だから、ファスナーが故障する心配もないと思うのだが。

それよりも、ズボンのポケットの位置の方が問題だ。米軍のBDU、つまりバトル・ドレス・ユニフォームのズボンだと、市販のジーンズなどと同じ位置に前後にポケットがある。その他に、腿の両脇部にカーゴ・ポケットと呼ばれる大きなポケットが付いていて、容量的にも位置的にも申し分ない。それに対して自衛隊の作業ズボンは腰部両側面のポケットだけであり、その位置が骨盤の一番広い部分にあるため、物を取り出しづらいのだ。

その点、新迷彩の戦闘服のズボンでは、ポケットの位置および容量も改善されており、非常によろしい。上衣のポケットは相変わらず二つしかないので、願わくば、裾部分にもポケットを追加して四ポケット仕様にして貰いたいものだ。

31 陸・海・空で異なる作業服の色

自衛隊の作業服は、陸はOD色、海は青色、空は灰色と、それぞれ異なる色調である。米軍など諸外国の軍隊では、三軍とも同じOD色の戦闘服であったり迷彩服であったりと、統一されている場合も多い。では、なぜわが国の自衛隊において作業服の色がそれぞれ異なるのだろうか？

一般的には、その理由はこう説明されている。つまり、陸上自衛隊の場合、「主として野外での作戦行動をする関係上、展開する周囲の植生に合致した色彩である緑系の色が望ましい。」また、航空自衛隊は「主として基地において行動するため、滑走路やエプロン（駐機場）または格納庫といった施設に溶け込むような色彩である灰色系が望ましい。」海上自衛隊では、「主として洋上あるいは港湾および海岸付近での行動を考慮し、海に溶け込むような青色系が望ましい。」という具合だ。つまり、陸海空それぞれが偽装効果を追求した結果である。

作業服のみならず、迷彩服の色調も陸と空では異なる。空自には独自の迷彩服が存在するが、一説によれば空自の高射部隊が基地外に展開するに際して、その展開場所は、基地からそう遠くない野外を想定している。その展開地域の植生を考慮した色調なのだそうだ。陸自の部隊が野外展開する地域は、総じて人里離れた場所であったりするから陸と空では迷彩の色調は当然異なる、と空自は説明している。

その空自は、近年グリーンの新型飛行服や作業服を制定した。海自には、陸戦訓練や警備用に「陸警服」あるいは「陸戦服」と称する陸自の作業服そっくりの被服が存在する。そっくりというより、銘板が異なる以外はまったく同じ仕様の服である。かつて防衛庁（当時）記者クラブに「伝統墨守唯我独尊」と評された海自が、陸の作業服と同じ物を制定しているのだ。空自の作業服も色くらい陸自と同じＯＤ色でもよかろうに、と筆者は思う。

かつてのカナダ統合軍は、統合編制とはいっても便宜上陸海空に区分されていて、それぞれ「地上軍」、「航空軍」、「海上軍」と呼称されていた。しかし、その一方で制服まで統一してしまったから、外国軍人から見れば、カナダ軍人が陸海空のどれに属しているか、制服の色で判断することはできない。ここまで極端なのもどうかとは思うが、仕様の統一が可能な部分は、できるだけ共通化して貫いたいと思うのだが。

つまり、組織が一部品からシステムに至るまでのそれぞれ異なる規格の仕様を統一することであるが、これを補給用語で「標準化」という。最近、自衛隊も諸外国の趨勢にかんがみ、陸海空の統合運用を模索している。指揮および作戦面での統合運用も重要だが、その前に兵站面における統合という観点から、もっと標準化を進めるべきではないだろうか。

旧陸海軍では、部品の標準化はほとんど考慮されず、ボルト・ナットのピッチや径といった規格も異なっていたばかりか、挙げ句の果てには陸軍が輸送船を建造し海軍が戦車を製造したりと本末転倒であった。

筆者にとって、自衛隊の理想像はカナダのような統合軍だが、まずは陸海空の装備の標準化、ひいては補給処などの兵站組織の一元化がその第一歩だと考えている。

32　自衛隊の迷彩服あれこれ

一九六〇年代の初頭のことである。当時の各国軍では野戦服の迷彩化が進んでいたが、自衛隊には迷彩服が存在しなかった。そこで、迷彩服の制定に向けて研究開発がスタートしたのだが、わが国にはそのノウハウはほとんどなかった。なにしろ旧軍時代の迷彩服といえば、有名な義烈空挺隊の例にもあるように、既存の軍衣袴を斑状に染めた応急的な物が存在するくらいであった。

これに対して、米独軍は第二次世界大戦中にすでに迷彩服を制式化している。さすがに全軍に対して支給するには至らなかったが、それでもかなりの数が支給されている。つまり、それだけ当時の日本は外国に比して国力にゆとりがなかったのである。

だから、自衛隊の迷彩服の開発も大変であったようだ。当初、諸外国の物を参考に、数種の迷彩パターンの服と鉄帽覆いを試作した。試作は、需品学校などの部内ではもちろんのこと、部外の業者にも委託した。有名なミリタリーショップの中田商店は、虎縞模様のタイガーストライプ迷彩やフランス軍のリザード（トカゲ）迷彩など数種類の迷彩服を試作したが、結局自衛隊には採用されなかった。

そして、試行錯誤の末、現行の一つ前の通称「旧迷彩」が採用されたが決して評判は芳しくなかった。わが国の植生に溶け込まないのだ。にも関わらず旧迷彩は使用され続け、新迷彩の登場まで二七年間も要している。

新迷彩の開発初期段階においては、試作された物の中には、旧迷彩の配色を変えただけにすぎない物も存在した。

この迷彩を施した試作の戦闘服には空挺用と一般用、そして機甲部隊向けもしくは航空用なのだろうか、つなぎタイプの物もあった。

しかし、この迷彩パターンが大柄で意外に目立つらしく、結局現在の斑点状の物に落ち着いた。この斑点迷彩、他の迷彩と比べ偽装効果が高いため、戦術的に伏撃を多用する軍隊には最適であろう。この種の迷彩は世界でも採用国が多く、ドイツでは戦中戦後一貫してこれを採用しているし、オーストリア軍やデンマーク軍でもこの種の迷彩パターンを採用している。

また、空自にも独自の迷彩服が存在するのは読者諸氏も御存知であろう。この迷彩服も新迷彩同様、一九九〇年代になって制定されたものだ。これは、主として高射隊や基地防空隊といった部隊の隊員が着用する。この空自迷彩、実質的には旧迷彩の配色を変更したものだが、前述の新迷彩の開発過程において需品学校が試作した迷彩とも配色が異なる。米軍のウッドランド迷彩の色調を茶系にした物、といえばよいのだろうか。この迷彩を施したものには、迷彩服の他に88式鉄帽用の鉄帽覆い、野戦用防寒外衣が存在する。

変わりダネの迷彩服としては、これまた空自の砂漠迷彩服がある。一九九一年の湾岸戦争時、政府はC-130輸送機による邦人救出を検討しながら、結局実現しなかった。このとき作製された砂漠迷彩服、高射隊の隊員などが着用する空自迷彩と同じデザインの服である。迷彩パターンは、米軍の「チョコチップ」と俗称される6カラーデザートBDUに酷似している。遠目には両者は区別できないが、よく見るとデザートBDUの場合、黒色の影として用いられている灰色が空自の物には存在しないし、茶色も一色少ない配色である。

　以前、防衛庁の広報誌「セキュリタリアン」に掲載された記事に、空自の幹部候補生がこの服を着用して訓練している写真があった。これに某左翼政党が難癖をつけたのは有名な逸話である。曰く、「航空自衛隊が砂漠迷彩服で戦闘訓練をしているのはなぜか？」と食ってかかったのである。

　まったく筆者の想像の域を出ないが、せっかく用意した砂漠迷彩服を破棄するにはもったいないし、将来法改正で中東地域に展開することもあろう。取りあえず戦闘訓練にでも使用するか、という経緯があったのでは、と筆者は推測している。この辺りが真相ではないだろうか。

　また、陸自の東富士演習場で、仮設敵を演じる専門部隊だけが着る迷彩服もある。それが「戦闘服、訓練評価隊用」だ。この迷彩の戦闘服、旧迷彩の淡緑色をカーキ色にしたようなもので、全体的に黄色みがかった色調となっている。一見すると、航空自衛隊の旧型迷彩、つまり現在のデジタル迷彩ではない「野戦用迷彩」の色調を変えただけのようでもある。いずれにせよ、「訓練評価隊（略称ＦＴＣ）」の隊員だけが着用するものであるから、かなりレアな迷彩服だといえるだろう。

33

偽装効果はいかに？　新迷彩と旧迷彩

現代の戦場におけるレーダーや光学器材などの監視手段の発達には著しいものがある。頭上には無人偵察機、その上空には戦術偵察機。最近では戦場監視専門のE-8ジョイントスターズのような機体まで出現している。もっと高高度になると戦略偵察機が遊弋し、宇宙空間に至っては衛星軌道上に偵察衛星が、というようにである。偵察衛星の物体識別能力はあなどれない。現実には人間が分析・識別するとはいえ、わが国の情報収集衛星《IGS》や有名な商用衛星のイコノスですら分解能1メートル、軍用偵察衛星なら分解能数十センチだ。開かつ地（開けた土地）で立ち小便をしている隊員なら識別できる。そして地上に目を転じると、双眼鏡から戦場監視レーダーに至るまで、といった具合だ。

　だからといって、肉眼で敵に見つからないように着意することを忘れてはならない。そのため、迷彩という手段で偽装する必要がある。よく旧迷彩を評して「熊笹などの植生によく溶け込むので、北海道の野外に適している」というが、本当だろうか？　この旧迷彩、そもそもベースとなる地色がかなり明るい鶯色なので、退色によりこの部分が白っぽくなってかなり目立ってしまう。針葉樹と広葉樹の植生分布を考慮すると、これでは北海道どころか全国のどこへ展開しようとも、その地域の植生にマッチしない。わが国の迷彩服は、地色となる緑色はもっと濃い色であるのが望ましく、この旧迷彩は筆者にいわせればハッキリいって失格である。

その点、迷彩2型、いわゆる新迷彩のパターンは、全国の主要な展開地域の植生を十分考慮したうえで色調とその比率を決定したそうで、かなりの優れモノだ。有事における防衛出動では、年度防衛計画により基礎配置と称して各部隊が展開する場所が定められている。これは防衛秘密であり、展開先がどこかは筆者ごときが知る由もないが、戦術級シミュレーション・ウオーゲームが好きな読者の方には「部隊初期配置」といった方が分かりやすいだろう。

新迷彩は、その展開地域の風景を撮影した画像をデジタル処理し、迷彩の色調と比率を決定したそうだ。このように、現行の新迷彩は偽装効果において、我が国土の植生に適合する極めて優れた迷彩である。もちろん、迷彩服のみであっては偽装効果が不足するので、自然の草木で補完するわけであるが、新迷彩では服自体に近赤外線処理が施されているため、服単体でも従来の迷彩服より偽装効果がかなり向上している。

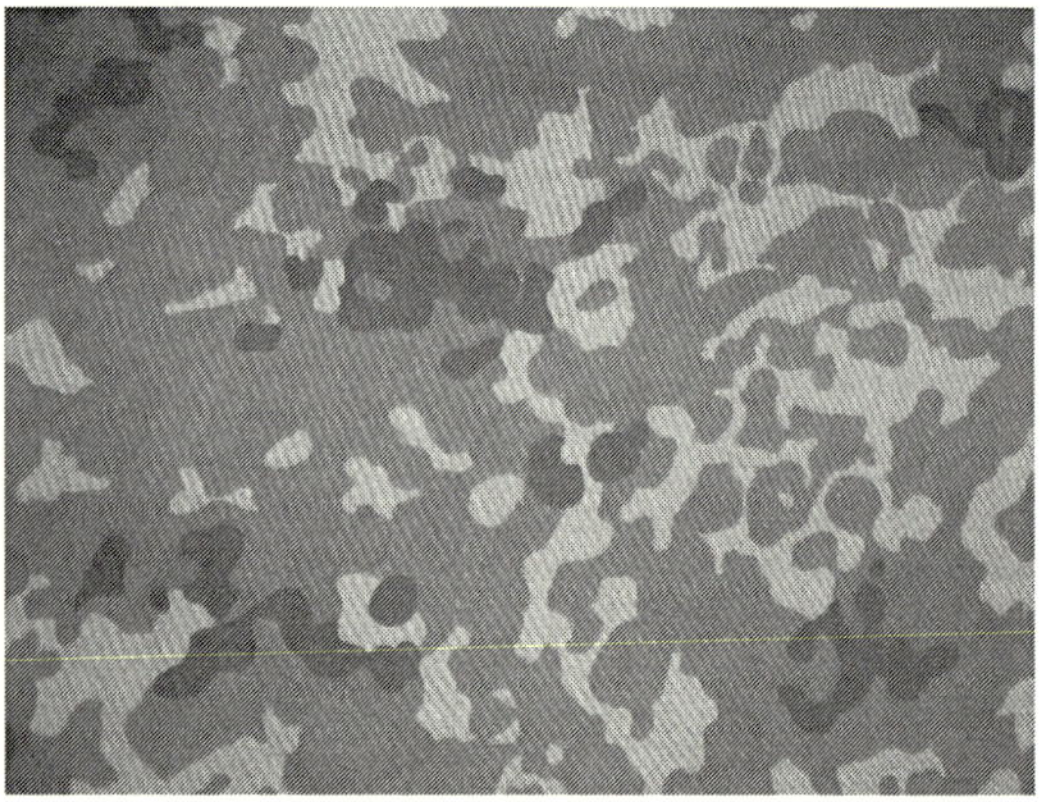

迷彩２型の迷彩パターン

この近赤外線偽装だが、これは敵の暗視装置に見つかりにくくするためのものだ。人体は、体温という名の熱放射エネルギーを発散している。この熱放射率を下げる工夫をした迷彩２型の戦闘服は、星明りを増幅するタイプの暗視装置に有効だ。しかし、一方で中～高波長の赤外線、つまり遠赤外線などの放出に対しては、性能上不十分である。だから、サーマル・イメージャーと呼ばれる最新型の熱映像暗視装置で監視されたら、発見される恐れがあり心許ない。したがって、さらなる改良を目指して研究されている次第だ。

ちなみに新迷彩は俗称で、正式には迷彩2型と称するが、これに対して旧迷彩を迷彩1型と呼称することはない。単に「迷彩」である。ともかく、自衛隊の数ある被服・装具の中で、新迷彩は近年稀にみる成功作といえよう。

34　自衛隊のデジタル迷彩服

陸上自衛隊の戦闘服に用いられている迷彩柄、すなわち「迷彩2型」は優れた偽装効果を発揮する。とはいえ、採用されたのが平成三年（一九九一）だから、だいぶ時間が経過している。したがって、登場した当時は「新迷彩」と呼ばれたが、それから二五年も経過してしまった。この間に世界各国軍では、デジタル迷彩の戦闘服などが次々と登場した。日本でも、平成二〇年（二〇〇八）ごろから航空自衛隊が、そして平成二五年（二〇一三）ごろから海上自衛隊が相次いでデジタル迷彩を採用している。航空自衛隊のものは、グレーを基調としたパターンで、米陸軍のACUと称するデジタル迷彩の色調よりも緑がかっている。このことから、飛行場などの航空基地で作業する整備員だけでなく、基地周辺の野外に展開するペトリオット対空ミサイル高射部隊でも使用されている。

一方、海上自衛隊のデジタル迷彩服はどうか。航空自衛隊のものは、外国軍の猿真似ではなく一応オリジナリティがあったりするのだが、こちらは米海軍のデジタル迷彩作業服と瓜二つ、というくらいに酷似している。

これに対して陸上自衛隊だけはデジタル迷彩の戦闘服が存在しない。噂では、防衛省の技術研究本部や需品学校でデジタル迷彩の戦闘服を研究・試作しているようだが、いっこうに現物が登場しないところからすると、現在の迷彩2型があまりにも偽装効果に優れているので、デジタル迷彩化する必要性が感じられない、というところなのだろう。

迷彩服２型の上に防弾チョッキ２型を着用して訓練を行なう隊員たち

現在では、俗に戦闘服3型（制式には「戦闘服、迷彩2型（改）」という）と呼ばれる物が隊員に交付されていて、上衣の襟が「立ち襟」すなわちスタンド・カラーにできる形状となった。さらに、袖口など各所がボタン止めから綿ファスナ

（いわゆるマジック・テープ）式になって、素早い脱着が可能になっている。そして、ズボンはというと使用頻度が少なく不評だった尻ポケットが廃止され、両膝下の側面に小さなポケットが追加された。

材質も、従来は綿とビニロンが半々の比率だったが、戦闘服3型では綿三〇％・ビニロン六九％・その他一％の比率になった。「その他」の素材は何かといえば、ペットボトル再生繊維である。たった一％にすぎないが、資源のリサイクルという観点からはよろしい。だが、反面でビニロンという素材は評判がイマイチだ。筆者の経験からいえば、それほど酷いとは思わないが、部外の軍事評論家などからは散々な評価である。いわく、着心地が悪く退色しやすい上に縫製の甘さから破けやすい。しいていえば、他の素材よりも耐久性が多少あるというくらいが利点であり、それ以外は欠点ばかりなのだそうだ。

筆者は、サバイバルゲームや登山などのプライベートにおいてはもちろん、演習対抗部隊の仮設敵などの機会を利用して、各国のOD単色戦闘服や迷彩戦闘服を着用し、自衛隊の官品作業服・迷彩戦闘服と比較までした。米軍のウッドランド迷彩はもちろん、パプアニューギニア国防軍やブラジル空軍の迷彩戦闘服など、軍服コレクターからすればマイナーな国の物まで、実物官給品を入手して演習場で着用しテストを行なった。

もちろん個人では、防衛省の技術研究本部が実施するような、防衛省規格に基づいた試験通則にしたがってのテストは不可能だ。また、連隊検閲などでは、いくら演習統裁部の仮設敵であっても、私物の外国軍服はまず着用できない。だから、小隊や班レベル訓練の仮設敵などでしか着ることはできなかったし、せいぜい着用感の比較程度しかできなかった。しかし、それでも二七カ国・三五種類の外国軍迷彩戦闘服と、自衛隊の戦闘服を客観的に比較するように努めた。

その経験から語るならば、現在の自衛隊被服は、欧米先進国の軍隊よりも少し劣るかも知れないが、三流というほど酷くはない。例えば米軍被服は、自衛隊被服よりも総じて耐久性・機能性に優れ、縫製もまあまあだが、着心地はそれほどよくない。英軍被服は、全般的に自衛隊よりも劣っている。カナダも同様だ。むしろ、英連邦の国ではオーストラリアの被服がよい。形状や仕様が似ている英連邦でも、善し悪しが分かれるように感じる。

米軍の兵器は大抵世界最高で、それは被服・装具にもだいたい当てはまるが、例外だってあるのだ。その点では、平均的に高品質で耐久性・機能性に優れているのが、ドイツ連邦軍の被服・装具であろう。下手をすれば、物によっては世界一予算に恵まれた米軍以上ではなかろうか。中国の人民解放軍は、81式の迷彩服が粗雑・粗悪だったせいか、07式迷彩服の出来が予想以上によかった。ただし、それは「中国にしては」という話で、自衛隊や欧米の軍隊被服よりはまだまだ見劣りがする。

さて、平成二八年（二〇一七）度予算では、戦闘服4型とも俗称すべき新型戦闘服が調達されるが、見た目は従来の「3型」とあまり変わらない。このように、自衛隊の戦闘服など被服・装具は、一部の隊員や部外の識者から批判されることが多い。だが、それでも改良により大分よくなってきており、世界的潮流に乗って安易にデジタル迷彩を採用するとか、盲目的な米軍の模倣は如何なものだろうか。

35　常時装着が基本？　弾帯

米軍でM-1小銃が使用されていた時代、つまり第二時世界大戦時の話だが、それ専用の弾帯が存在していた。同時期には、同じカーキ色のM-1936型弾帯（以下、M-36型弾帯）もあって、米国の有名なTVドラマ「コンバット！」でサンダース軍曹が着用していることでお馴染みの読者諸氏も多いであろう。

このM-36型弾帯は、本来、当時の制式拳銃であったコルト・ガバメントをホルスターに入れて携行する目的で使用された。米軍将兵の多くは、このM-36型弾帯を身に付けていたが、さらに古いスプリングフィールドM-1903型弾帯も別に使用されていた。

それが、M-14小銃の採用により、小銃手もそれ専用の弾入れを弾帯に装着するようになり、名称も「ピストル・ベルト」から「ベルト、インディヴィデュアル・イクイップメント」に変更された。同様に、米軍供与の小火器を装備していた自衛隊も、64式小銃の採用によって、すべての自衛官が共通の弾帯を使用することとなった。

自衛隊には、米軍の「クォーターマスター・カタログ（需品カタログ）」に相当する、需品科をはじめとする職種ごとに物品の「補給カタログ」が存在し、補給業務に使用されている。簡単にいえば、訓練で被服や器材などの装備品が損耗した際に、各部隊の補給担当者が補給処などに新たに注文するための物と思えばよい。

その補給カタログ上では、物品の名称を日本語と英語の両方で記載してある。自衛隊においても、この辺の名称も米軍に「右へならえ」で、まったく同じであった。

さて、誰がそう定めたのか、従来から自衛隊においては武装していないとき、つまり、通常の作業服装時であっても常時弾帯を装着することとなっている。これは、即応性の観点からは感心しない。

帝国陸軍では、帯革と呼ばれたベルトに水筒や弾薬盒などを装着したまま自分の寝台にぶら下げておき、武装していないときに、帯革のみを装着することはまずなかった。

こうしておけば、いざ鎌倉というときに何も付けていない弾帯を腰から外し、やれ水筒だ弾入れだ、と一から装着するより、すでに組み上がった物をパッと装着する方がよほど迅速で合理的だ。そこで、即応性を重視し、PXでもう一本弾帯を購入して、それに水筒やら弾入れをあらかじめ取り付けておくことになる。

自衛官の中には、私物のスイスアーミー・ナイフやミニ・マグライト、あるいは携帯電話といった物を弾帯に装着している者も散見される。それを別にすれば、ほとんどの者にとって、支給された弾帯の他に購入したもう一本は、あくまで予備としての購入であって、何も付けていない弾帯を常時腰に巻くための物に変わりはない。果たして、それに何の意味があるのだろうか？

それでは諸外国軍はどうかというと、各種写真集の戦場や平時におけるスナップに、それらしき姿も散見され皆無とはいえないが、やはり弾帯のみを常時装着する例は少ないようである。

陸自で、俗に「新迷彩」と呼ばれる迷彩戦闘服が支給されるようになって久しい。従来の作業服では、上衣の裾をズボンの中に入れていたのが外に出すようになり、と同時に何も付けていない弾帯のみを腰に常時装着することはなくなった。従来のように弾帯を装着している者も皆無ではないが、ほとんどいないといってよいだろう。これは、外見のみならず即応性の観点からも非常によろしい。

即応性といえば、弾帯に水筒やら弾入れをあらかじめ取り付けておいたとしても、銃剣だけはそれができない。銃剣は、普段は施錠された武器庫に格納され厳重管理されている

サスペンダーで吊って腰部に巻かれている部分が弾帯

から、必要の都度武器庫から搬出して装着するしかないわけだ。

しかも、この銃剣を弾帯に装着するのに手間が掛かる。銃剣の「剣ざや」には湾曲した針金状のフックが付いていて、一方弾帯にはいくつもの鳩目穴があり、その穴に剣ざやのフックを引っ掛けるという方式である。あたりまえだが、こうして銃剣を装着した弾帯を誰も股間位置するように装着する者などいるまい。通常は、行動の阻害にならぬよう、体側、つまり腰の脇辺りに位置するように装着することになる。

かつての諸外国軍や帝国陸軍には、銃剣を鞘ごと押し込んでベルトから吊るしておくために、革製の「剣差し」という物が存在した。だから、自衛隊でも同様の物を常時弾帯に装着しておけば、銃剣の取り付けも楽になるだろう。

このように、昔の装具にも、現代でも通用するような合理的で優れた部分はあった。にもかかわらず、自衛隊には、現在採用されている物や方式が一番優れていると信じて疑わない人間が存在するから困る。

筆者が現役のとき、ある旧型装備の仕様を入手しようとしたところ、ある幹部は、「最新の物は古い物の不具合を改善した結果、この世に登場した物だ。したがって、古い物が新しい物よりも優れていることはあり得ない」と、捲し立てた。

筆者の目的は、旧型装備の仕様を知り、それを現在の物と比較することにより改善の資を得るにあった。それを説明申し上げたのだが、自己の主張は絶対に正しく貴官は間違っていると、まったく耳を貸してくれなかった。

このように、硬直思考しかできない幹部が装備などの開発に携わっているようでは、真に隊員のためになるよい装備は絶対に出現しない。現に、自衛隊の被服・装具には最新型であっても旧型より使い勝手が悪い物や、明らかに性能的にスペック・ダウンしていると思しき物が存在するのだから。

さらに、ついこの間まで何も付けていない弾帯を常時腰に巻いていたかと思ったら、新迷彩戦闘服が採用された途端に弾帯をしなくなったのも、すべて米国の真似である。どうせ米国の真似をするのであれば合理的で優れた部分のみを真似ればよいのだが、やることなすことすべてを真似するものだから、それとは気付かずに不具合や欠陥まで真似てしまうことになるから困る。逆に、不具合や欠陥に気付いていながら、米国がそうしているのだからこれでよいだろう、と無批判に真似をしているとしたら、それはそれでもっと始末が悪い。

例えば、現用の弾帯である戦闘弾帯のバックルがそうだ。この戦闘弾帯、米軍が一九八〇年代に使用していた個人装備であるＡＬＩＣＥ装備のＬＣ-２Ｃ型弾帯のコピー品である。米軍は、同弾帯のプラスチック製バックルが硬く、外しにくい上に割れやすいため、これを改善しLC-2A型弾帯として新たに採用した。

一方、自衛隊の場合は同様の不具合があるばかりか、戦闘弾帯のバックルを外すときに要する力は米軍の物以上で、指が痛くなるほどである。自衛隊は、それにも関わらず現場の声を無視して欠陥品を調達し続けている。早期に改善してもらいたい、と思っていたら新型が登場した。新型といっても、平成二〇年（二〇〇八）頃から登場したものだからだいぶ時間が経過しているが、それでもやっと米軍のLC-2Aと同様のバックルに変更された。

36 日本だけ独特な吊りバンド・弾入れ

さて、続いては「吊りバンド」である。こう書くと読者の方にはピンとこないかも知れないが、何のことはない。俗にいうサスペンダーである。防衛庁仕様書上における制式名称は「弾帯用吊りバンド」なのだが、もう少しマシな名称は思い付かなかったのだろうか？

それはさておき、公表された資料によると64式小銃の弾倉は一個約二六〇グラムで戦闘時にはこれを一人六個持つ。だから携行弾数は一二〇発。7・62mm弾は一発約二五グラムなので、計約3キロである。この弾薬を入れる袋状の「弾入れ」には、弾倉一個を収納する重量約七五グラムの「弾入れ、小」と弾倉二個収納用で約一〇〇グラムの「弾入れ、大」の二種がある。大小それぞれ二個ずつの弾入れを用いて全部の弾倉を収納できるわけだ。

そして、64式小銃の銃剣が約七四〇グラム。アルミ製のカップ付き水筒は、「水筒覆い」と呼ばれるカバーをして満水の状態で約一五八〇グラムであり、中身の入った救急包帯入れが約一五〇グラム、最後に「携帯円ぴ」と呼ばれる折り畳み式スコップが覆いを含めて約一三五〇グラムと、フル装備で合計約八・七キロもの重量となる。背のうを除いてこの重量だ。サバイバルゲームをしている読者諸氏は、一度体感してみては如何だろうか。この重量を支え、弾帯がズリ落ちないように肩から吊るすのが吊りバンドなのだ。これらは、いずれも耐摩耗性に優れた素材のビニロン製である。

ところで、この吊りバンド自体の重量は約二七〇グラムなのだが、米軍の第二次世界大戦中のサスペンダーと同様にX型をしており、そのX型の中央が丁度背中にくるようになっているわけだ。このX型部分の交点に鳩目があって紐が付いているのだが、この紐が何のために存在するのかは一切説明がない。一応、戦闘時にこの紐で携帯円ぴを背負うことになっているものの、実際にやってみるとどうにもしっくりこない。そこで、部隊などでは用済になったタイヤ・チューブを切断して作ったゴム紐を各自で用意して、それを利用して携帯円ぴを背負うのが常識となっていた。

さて、そんなわけで、弾帯に水筒やら弾入れやらをあらかじめ取り付けておいた物を身近な場所に置いておき、「非常呼集！」の号令とともに飛び起きる。暗闇の中で服を着て半長靴を履き、鉄帽を被る。と、ここまでは上手くいく。しかし、装具一式はそうもいかない。帯状の物が組合わさって構成されているから、時としてもつれてしまったりする。暗闇の中での手探りではどうもつれているのか解らず、多分こんな状態になっているのではと想像して直したつもりが、余計にこんがらがって焦ったりしたものだ。そういう経験をすると、自衛隊の個人装具もサスペンダーと弾帯の組み合わせよりも、最近諸外国で流行のタクティカル・ベスト式が望ましいと思うのだが……。

37　1個で足りるか？　水筒の話

米軍は水筒をキャンティーンと称し、英軍ではウォーターボトルと称する。陸上自衛隊では、この水筒の定数は隊員一人につき一個で、これが衛生科隊員では二個となるが、この数は米軍と比較して各々半分にすぎない。戦場において水の確保は極めて重要であるのはいうまでもなく、かつての帝国陸軍は、ノモンハンの戦場において弾薬と同じくらい水の補給に苦しんだ。

にもかかわらず、自衛隊はなぜ水筒の定数を増やそうとしないのだろうか。国内、国外に展開するを問わず、戦場の展開地域によっては水源地から遠い場合もあり得るし、水トレーラーや水缶を積載した車輌が撃破されでもしたら、各自の携行している水筒の水だけが頼りである。

では、外国軍では兵隊個人の水はどのようにして運搬しているのだろうか。以前は、自衛隊同様各国軍においてもアルミ製の水筒が多く用いられてきた。

しかし、微量ながら溶け出したアルミニウムの人体に対する影響や軽量化対策で、米軍はベトナム戦争に本格介入する以前に、水筒の素材をポリエチレン樹脂に変更してしまった。今日では、自衛隊をはじめとする各国軍も、大抵ポリエチレン樹脂製の水筒を使用している。

近年、塩化ビニール樹脂のホルムアルデヒドによる人体や環境に与える影響が懸念されているが、米軍で問題にならないところを見ると、ポリエチレン樹脂は大丈夫なのだろう。

このように、戦闘装着セットの制定に伴い水筒の素材が変更されたが、同時に水筒覆いのカバーも仕様が変更された。従来の水筒覆いは、亀甲スナップと称されるドットボタンにより止めていた。

もっと古い時代には、第二次大戦時の米軍騎兵用水筒のように、一個のひねりホックで止める形式の水筒覆いも存在したが、これが布ファスナつまりマジックテープ式となった。また、湾曲したフック状の掛けつり金具も米軍同様アリスキーパー型金具（懸ちょうピン）となり、弾帯などへの着脱が容易となった。生地もビニロンからポリエステルとなり、近赤外偽装と迷彩が施された。

自衛隊の水筒と水筒覆いカバー

さて、水の運搬手段の話だが、最近の米軍では背中に背負うタイプのハイドレーション・バッグ、いわゆるキャメルバックが多用されている。このキャメルバック、本来は商標だがこれがいつの間にかハイドレーション・バッグの代名詞となってしまった感がある。これは、縦長のビニール製内袋をコーデュラ・ナイロン製のキャリング・バッグに収納した物で、専用チューブにより背負ったまま水を飲むことができる。通常、米軍の水筒はLC-2型では一クォート（約〇・九五リットル）の容量であるのに対して、このハイドレーション・バッグは三倍の容量である。

このように、ハイドレーション・バッグは大容量でありながらも携行容易なため、アウトドア・トレッキングなどのレジャーはもとより、自転車競技などのスポーツでも重宝されている。米軍では、元々市販の物をほぼそのまま軍用として転用していたのだが、軍用としては内袋が破れやすいのが難点であった。そこで、米軍ではこれを改良し、耐久性を向上させた物を交付し始めた。

自衛隊でも、西部方面普通科連隊など一部の部隊で使用している。水筒の定数を増やすのが困難なら、ハイドレーション・バッグを追加支給すべきではないだろうか。ともかく、早期に正式な官品として交付して貰いたいものだ。

38　携帯シャベルか？　はたまた携帯円ぴか？

野戦において、兵士が身体の防護をする最良の手段、それは装甲化することである。とはいっても、機甲部隊の戦車兵や機械化されたAPCに乗車する歩兵であれば、鉄の殻で防護されているが、それ以外の兵士の装甲は防弾チョッキだけである。もっとも、戦闘装着セット制定前の自衛隊には防弾チョッキが存在せず、隊員は、文字通り非装甲のソフトスキン状態であったわけだ。

さて、戦場では開かつ地（開けた場所）でボーッと突っ立っているよりは、屈んで姿勢を低くした方が弾に当たりにくいのは、常識でもおわかりであろう。さらに姿勢を低くし伏せれば被弾する確立はもっと低くなる。そして穴を掘り、その中に入って草木で偽装すれば空地の敵にも見つかりにくくなる。

だから、個人用掩体いわゆるタコ壷をせっせと掘ることになるのだが、これがまた重労働である。どこの国の軍隊にも野戦築城を担当する工兵部隊が存在するが、兵隊個人用の穴までは掘ってくれないのだ。後方の部隊では、大円ぴ（市販の一般的にいうスコップ）で掘開作業が可能だが、最前線の部隊ではそれが不可能である。なにしろ敵と接触しているから、頭上をジャンジャン敵弾が飛び交っている。遮蔽物を盾にして、伏せたまま少しずつ作業しなければならない。遮蔽物がなければできるだけ地面の低い所で作業する。地形地物を最大限に利用するわけだ。そこで、携帯用円ぴの出番となる。

この携帯用円ぴ、折り畳んだ状態で全長約五〇センチ、一杯に延ばした状態では約七二センチである。頭部を柄に対して直角に曲げ、ナットで固定すれば鍬としても使用できる。以前は自衛隊のみならず、各国軍でも同様の物を使用していたが、さすがにかさ張るので現在では三つ折り型の物が主流である。

自衛隊でも、戦闘装着セットの内容品としてこの三つ折り型の物が戦闘シャベルの名称で制式化された。全長は約五十九センチとなり従来よりコンパクトにはなったが、その分作業がしづらくなった。この戦闘シャベル、後方部隊用として交付される物は「携帯シャベル、２型」と称する。旧軍以来使用されてきた円ぴという用語も現代の新隊員には馴染みがない。だから、シャベルという名称になったのだろう。まあ、名称がどうであれ、穴掘り作業が大変なのには変わりがない。

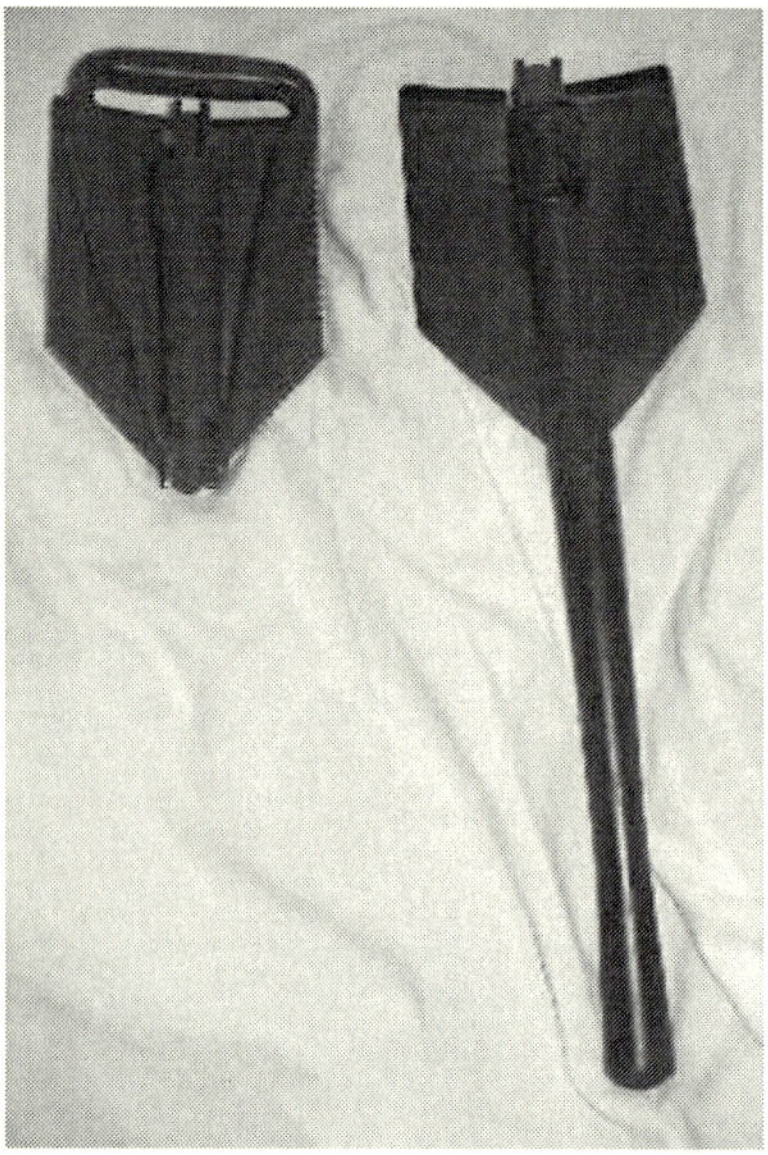

「戦闘シャベル」と呼ばれる三つ折り型の携帯用円ぴ。後方部隊用は「携帯シャベル、2型」と称する

もっとも、対テロ、ゲリ・コマ（ゲリラ・コマンドゥ）重視の昨今の自衛隊では、穴を掘るより土嚢《どのう》を積んでの陣地構築の方が大変な作業ともいえるが。

39　野外用食器の定番、飯盒の話

飯盒《はんごう》は、今日でこそアウトドア・ショップなどでも「兵式ハンゴー」なる名称で販売されているが、元々は軍隊の野戦用食器である。自衛隊の飯盒は、かつての旧軍の物を踏襲したスタイルであり、ドイツ軍などのヨーロッパ各国軍においてもほぼ同様の物を使用している。

　ところが、この種の食器は世界共通と思いきや、米軍の個人装備に飯盒は存在しない。米軍兵士は、飯盒ではなく「メスパン・キット」と称する食器を携行する。「メス」は食事の意、メス・ホール（食堂）のメスだ。「パン」はフライパンのパンである。このメスパン・キット、折り畳み式の把手の付いた蓋付き携帯フライパンとでもいうべきか。第二次世界大戦当時から、Kレーションなどの戦闘糧食が充実していた米軍も、いくら何でもそればかりの食事では士気に関わる。戦況の許す限り温食、つまり温かな食事をしたいのが人間の常である。そこで、このメスパン・キットの出番となる。

では、その使い勝手はいかほどの物であろうか？　蓋部分にパンやライスを載せ、肉料理のメインディッシュはこの食器で調理したまま皿として使用できるのはよいのだが、スープは別に水筒に付属しているキャンティーン・カップを用いなければならない。こうすると、食事しながらお茶なりコーヒーを飲むにはカップがもう一つ必要だ。でなければお茶はスープを飲むために使用したカップで食後に飲むしかない。飯盒と比較使用したことのある筆者には、これは便利と

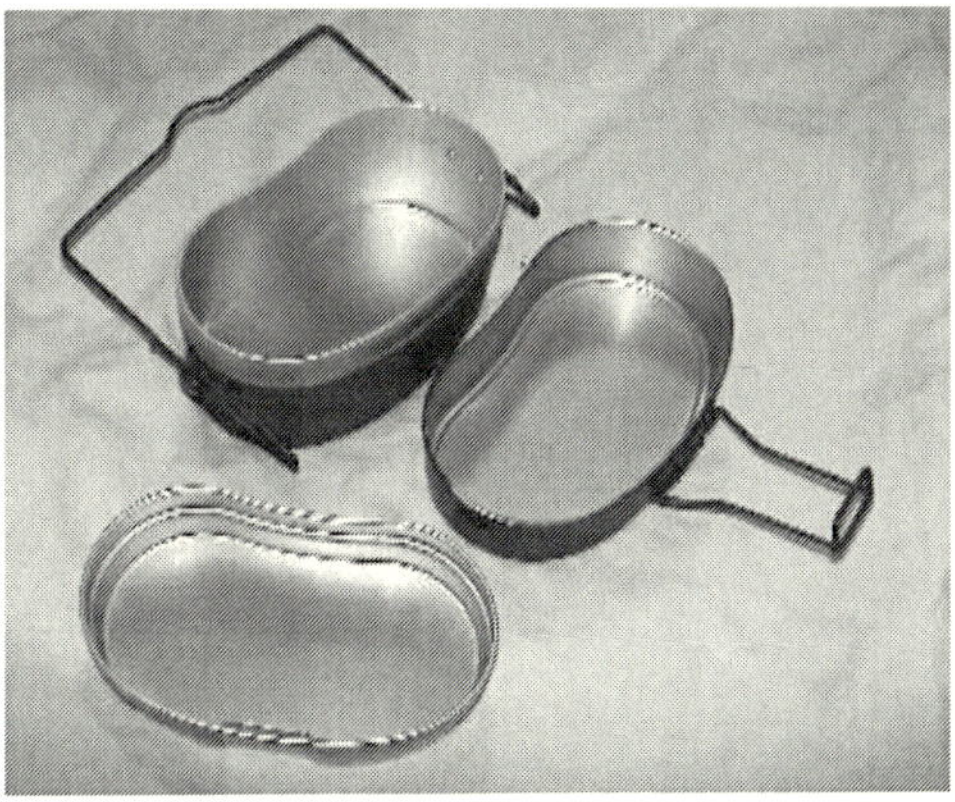

食器としての利便性はよくなったが、飯ごう
１型の３分の２のサイズになった飯ごう２型

はいいにくい。

これに対し飯盒の場合、蓋に飯を盛り、中子（中蓋）に副食つまりオカズを、そして飯盒本体には汁物をという具合にこれ一つで完結できる食器であるから非常に便利だ。実際の喫食事には、飯盒の内側にポリ袋をかぶせることにより、食後に洗う手間も省けるし、水筒付属のカップはお茶なりコーヒー用として別個に使用できる。この点からも米軍のメスパン・キットより機能的ではなかろうか。

さて、現行の戦闘装着セット内容品の戦闘飯ごう（飯ごう2型）は、飯ごう1型に比べ高さが約三分の二とコンパクトになった。かつ軽量にもなったが、その分容量も減少している。飯ごう1型本体の容量は約二千ミリリットル、それに対して戦闘飯ごうのそれは約一二〇〇ミリリットルで、大食漢の隊員には不満であろう。

ところで、自衛隊では旧軍のように各自で飯盒炊爨《さん》をする機会は滅多にない。各中隊などごとに、牽引式トレーラーの野外炊具1号および地上設置型の同2号が装備されているからである。旧軍時代は、全部隊に野外炊具のような物を装備するのは当時の国力では不可能であった。だから、温食といえば各自で飯盒炊爨《さん》するしかなかったのだ。

とはいえ、現行の野外炊具1号は所詮牽引式である。しかも屋根代わりに天幕を張る必要があるし、迅速な炊事所の開設および撤収は到底不可能。これが米軍のような自走式キッチン・トレーラーであれば、緊急展開地変換の際も楽だと思うのだが。

40　状況ガス！　防護マスクと携行袋

特殊武器とは、核兵器、化学兵器、生物兵器のいわゆるＮＢＣ兵器の自衛隊における総称である。戦場では通常兵器ばかりが使用されるとは限らず、国際条約で非人道的として使用を禁じられている特殊武器の使用も充分予想される。さすがに核兵器だけは、わが国における広島と長崎の事例を唯一の例外として、現在に至るまで使用されたことはない。しかし、有毒化学剤つまり毒ガスは、第二次世界大戦後もイラン・イラク戦争など世界各地の戦場で半ば非公然と使用されているほどだ。

ところで、自衛隊ではガスマスクを「防護マスク」と称する。米軍での制式名称は「ケミカル・プロテクティブ・マスク」、つまり化学防護マスクである。英軍では「レスピレーター」と称し、かつての旧軍では「防毒面」あるいは「被甲」と称した。ガスマスクが出現した第一次世界大戦当時は、核兵器は存在しなかったから毒ガスのみに対処すればよかった。それに対して現在のガスマスクは、毒ガスだけでなく戦術核のフォール・アウト、いわゆる死の灰や生物兵器からも自身を守る、重要な個人装備という位置付けである。したがって、正式には防護マスク、あるいは化学防護マスクと呼称するわけだ。

当然、それだけでは頭部のみしか防護できないため、各国軍とも化学防護衣や専用のブチルゴム製の手袋およびブーツを併用し、全身を防護している。

さてこの防護マスク、「状況ガス！」の呼称とともに装面するわけだが、この際、速やかに気密点検まで完了させなければならない。当然だが、不完全な装着をすると顔面と面体に間隙が生じ、気密性を維持できないためである。さらに、気密点検完了までの間は息を止めねばならない。なぜなら、敵のガス攻撃により被服・装具とも汚染した外気に曝され、装面前の面体内にはそれが残留している可能性もあるからだ。

ちなみに現代の英国軍の化学防護マニュアルでは、装面後に「ガス！　ガス！　ガス！」と大声で三回呼称し面体内の汚染された空気を排出し、九秒以内に気密点検まで完了するよう記述してある。この装着完了までの時間は自衛隊では八秒以内で、麻生幾氏の著書「極秘捜査／文芸春秋刊」でも紹介されている。米軍など各国軍においても、一～二秒程度の違いはあってもほぼ同様の時間内に装面完了するようにマニュアルで定められている。では、なぜ九秒以内なのかというと、戦闘状況下において激動後に人間が呼吸を止めていられるのは九秒程度が限界だから、ということらしい。

このように、各国軍とも防護マスクの装面に限らず化学戦の訓練には力を注いでいるわけだが、訓練の激しさという点では何といってもかつてのソ連軍が一番であろう。何しろ、旧ソ連時代にはドニエプル大演習などの大規模演習で実ガスを使用し、何人もの兵士が死傷しているほどの凄まじさである。これには防護マスクの気密性などにも原因があるのだが、それだけ化学戦の訓練が厳しかったことを物語っているといえよう。今日において、平時の演習に実ガスを使用して化学戦訓練を実施しているのは、世界広しといえどロシア軍とフランス軍だけだそうだ。

確かに、旧ソ連の防護マスクは決して褒められた物ではなかった。冷戦構造崩壊後、欧米各国軍の過剰となった軍装品が大量放出されわが国にも輸入された。その中には旧ソ連や旧東ドイツ軍など共産圏の防護マスクもあって、自衛隊や西側先進各国軍の物と比較すると、その稚拙さが分かる。

旧ソ連軍の防護マスクを例としよう。まず材質だが、薄手の淡灰色といえばよいのか、薄手でグレー色のゴム製である。頭からすっぽりと被るように装着するため、頭部全体を完全に覆うスタイルとなる。頭部に密着する割には、製造技術の問題から気密性がよいとはいえなかったよう。その外観は、視界の悪そうな眼ガラスといい、蛇管で連結する隔離式の吸収缶といい、いかにも古臭いデザインである。西側先進各国軍の、人間工学的に洗練された防護マスクを見なれた目にはかなり異様に写る。よく防護マスクを着用した兵士を「タコ入道」あるいは「火星人」のようだと形容するが、まさにその通りでグロテスクの一言に尽きる。

また、ブチルゴムの成形技術にも荒さが見受けられるうえに、防護マスクの携行袋がこれまた実に安っぽい造りである。なんと綿製でペラペラの一枚布で、中には仕切りも何もなく、本当にただの袋にすぎない。自衛隊や米軍などの防護マスクの収納袋には、手入れ用具や付属品などを収納するための間仕切りがあり、戦場での酷使を考慮した材質といい、かなり凝った造りであるのとは雲泥の差である。

一般的にどこの国の軍隊も、戦闘行動中は防護マスクを常時携行するので、どうしても携行袋が身体や地面などに擦れ

防護マスクとその携帯袋

たりすることになる。旧ソ連軍のような携行袋では、たちまちの内に破損してしまうだろう。旧東側諸国の経済優等生であった東ドイツ軍の防護マスクおよび携行袋でさえも同様の造りで、旧ソ連軍の物よりはいくらかマシであるという程度である。

では、わが国の防護マスクと携行袋はどうであろうか。戦後初の国産防護マスクである「1形」は、旧帝国陸軍や米軍の防護マスクを参考にしてデザインされた。開発された時期が時期だけに、隔離式の吸収缶など構造的にほとんど旧軍の物と変わらないような代物であった。続いて開発された「2形」は、射撃時に邪魔にならないように、左側面に吸収缶を直付けする構造となり、眼ガラスもやや大型化した。米軍のM-9防護マスクの模倣といってよいだろう。後継の「3形」は、両頬部分に吸収体を装着する構造となり、射撃時に照準し辛いと隊員には不評であった。この防護マスクも米軍のM-17防護マスクのデッド・コピーにすぎなかった。この米軍の防護マスクは改良されてM-17A2となり、付属品の専用チューブを接続すれば装面したまま水筒から水が飲めたが、自衛隊では次の「4形」の登場でやっとそれが実現できるようになった。この防護マスク4形は、吸収缶を前面に装着する構造となり、眼ガラスもさらに大型化した。また、付属品も充実しており、従来存在しなかったスプレー式の個人用除染具と、防護マスクに装着して頭部を完全に覆う迷彩フードが追加された。さらに米軍の防護マスクのように、普段眼鏡をしている隊員が装着する際の配慮として、眼鏡装着用アダプターが存在するようだが、筆者は一度も目にしたことがない。しかし、全体としての完成度は高く外観的にもオリジナルと胸を張れるもので、米軍のM-40シリーズや英軍のSシリーズと比較しても、国産防護マスクは完成の域に達した感がある。

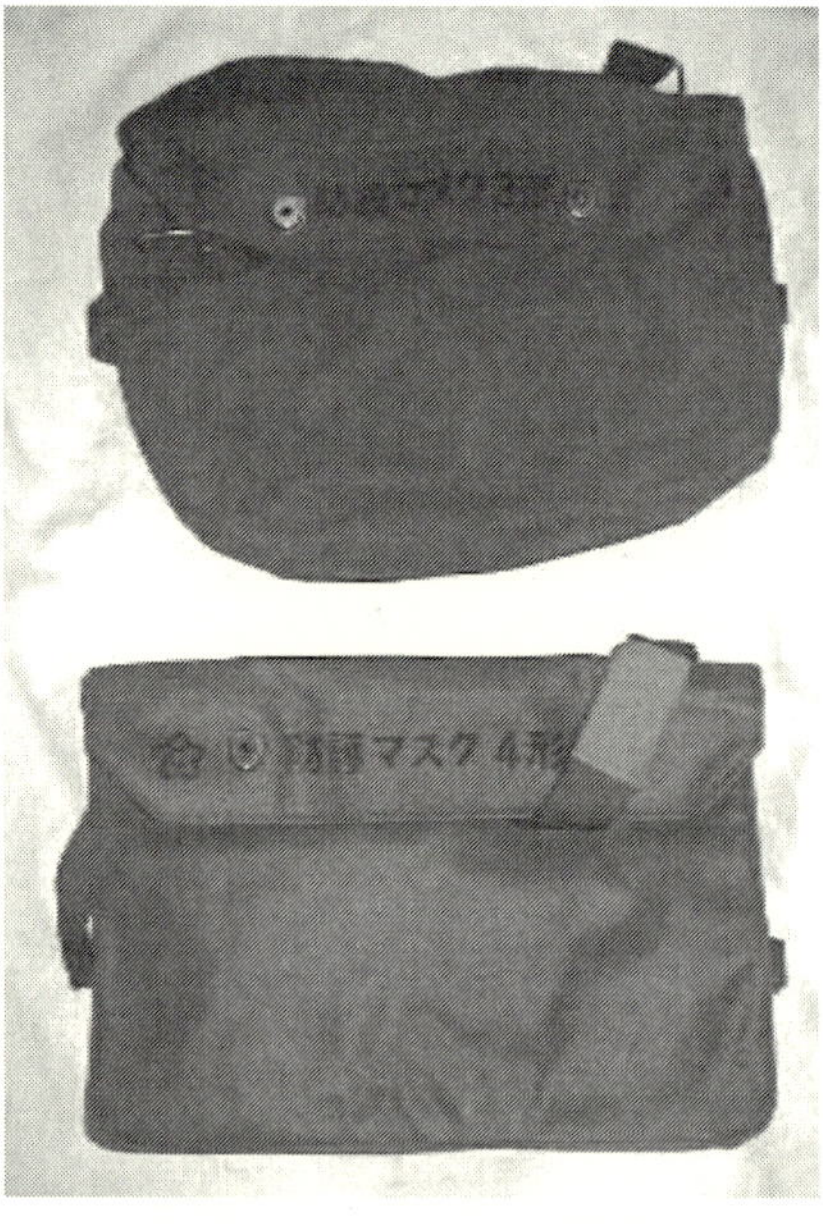
防護マスク3形と4形の携帯袋

では、最新の防護マスクはどうか。これは、戦闘装着セットのようにシステム化された。したがって、「○○式個人用防護装備」中の構成品の一つという位置付けのため、従来のように「防護マスク何形」という呼称はしないという。この最新型防護マスクは、さらに眼ガラスが大型化し顔面の三分の二はあろうかという面積となり、視界がかなりよさそうだ。肝心の防護性能は「防衛秘密」であるから知る由もないが、かなり性能が向上しているという。

しかし、これが果たして諸外国の物と比較してどうかといえば、疑問が残る。なぜなら、防護マスク4形が地下鉄サリン事件という「実戦」でその有効性が立証されたのを別にすれば、戦後のわが国は幸か不幸か実戦経験がなく、ほとんどの装備品がバトル・プルーフされていないためである。いくら戦場を模擬した環境で実用試験しようが、それで得られたカタログ・データ通りの性能が発揮できるという保証はない。だから、すべての国産装備に共通していえることだが、その性能は未知数といってよいだろう。その装備品が本当に役に立つかは、有事のそのときまで誰にも分からないのだ。

41　地下鉄サリン事件で大活躍、戦闘用防護衣

日本人は、都合の悪いことや嫌な思い出は忘れたがる傾向にあるらしい。読者諸氏は地下鉄サリン事件を覚えているだろうか。現在アレフと改称したオウム真理教が、教祖の麻原彰公こと松本知津夫被告の指示で引き起こしたとされる事件である。

当時の警察や消防には軍事用有毒化学剤の検知および分析、防護から除染に至るまでのすべてにおいて対処手段がなかった。つまり、化学兵器テロにまったくお手上げであったのだ。この内、分析については独自に対応できないことはなかったのだが、現場で採取したサンプルをいちいち科学捜査研究所に持ち込んでからでないと成分が判明しなかった。検知手段についても同様で、化学学校から借用したCR検知器を別にすれば、カナリアが唯一の検知手段であったといってもよい。

なぜカナリアなのか。シャレではないが、オウムではダメなのか。なぜならカナリアは、大気中に混入した毒ガスなどの異物を、動物の中でもっとも敏感に感じ取るからだという。しかも、CR検知器は機械であり、故障する可能性もある。したがって、CR検知器と原始的ともいえるがカナリアを併用するのが一番よいとの結論であった。

そんなわけで、捜査員はカナリアを入れた鳥篭を提げてサティアン群の強制捜査に臨んだ。しかし、有毒化学剤の検知や分析はともかく、防護装備の欠如は捜査員の死に直結す

る。警察や消防にも防護服は存在したが、揚圧式というバルーン状の服で、短時間しか活動できない物であった。数も不足していた。

警察からの要請で、埼玉県に所在する陸上自衛隊化学学校は防護マスクおよび戦闘用防護衣の着用や取扱に関する教育を実施した。と同時に、自衛隊は数千セットに及ぶ防護マスクおよび戦闘用防護衣を警察に貸与した。そして、警察の威信を掛けた強制捜査も無事終了し、教祖の麻原彰公こと松本知津夫被告の拘束にも成功した。懸念されたＭｉ-17ヘリコプターやラジコンヘリによるサリンの空中散布もなく、カラシニコフ同型の密造小銃による信者の武力抵抗もなく、万々歳であった。

ところが、自衛隊では万々歳、というわけにもいかなかった。後日、警察から返納された戦闘用防護衣を点検整備していて、かなりの数の防護衣にピンホール、文字通り針で刺したような小穴が見つかったからである。読者諸氏も御存知の通り、警察は、制服や出動服、活動服、私服捜査員の背広などに職務の識別のため、腕章をする習慣がある。ドラマでもお馴染みの「鑑識」とか「機捜」とかいう奴だ。ピンホールの原因は、この腕章にあった。

結局、相当数の防護衣の上腕部に許容できないピンホールが見つかり、修理することになった。戦闘用防護衣はゴム製の化学防護衣と異なり、積層状の活性炭を生地に織り込んでいる。完全密閉型ではないとはいえ、ピンホールも無視できるものではない。たかがピンホール、されどピンホールなのである。

42 一式ウン十万円也！戦闘装着セット

陸上自衛隊で89式小銃が配備されだしてから、装具も変わった。装具とは、簡単にいえば弾帯とサスペンダーを組み合わせた物に、水筒やら弾入れなどを装着した個人装備システムである。今までの陸上自衛隊は、90式戦車や対戦車誘導弾などの正面装備はハイテクながら、それを取扱う隊員の装具は朝鮮戦争レベルといっても過言ではなかった。しかし、この戦闘装着セットが部隊に交付されるようになって、自衛隊の個人装備も米軍のＬＣ-2型装備と同レベルとなった。

戦闘装着セットが従来の装具と大きく異なるのは、材質の完全な化学繊維化とアリス・キーパー採用による着脱の容易化である。

まず材質に関してだが、米軍の一九七〇年代以前に使用されていたＭ-１９５６個人装備が綿一〇〇％のキャンバス製であったのに対し、従来の自衛隊装具は綿とビニロンの混紡

近赤外偽装など工夫が施されている戦闘装着セット

で、その分濡れても乾きやすかったが、戦闘装着セットではポリエステル素材となり軽量、かつ濡れてもさらに乾燥しやすくなった。

さらに、生地には近赤外偽装が施され、暗視装置などに探知されにくくなっているし、迷彩も施されている。戦闘装着セットの出現当時、米軍は迷彩タクティカル・ベストやMOLLEベストは一般部隊には支給が完了していたわけではなかったから、一般兵士用装具の迷彩化に関しては決して遅くなかったといえよう。

また、米軍ではLC-2以前から存在しているアリス・キーパーというスライド式脱着金具（自衛隊では「懸ちょうピン」と称する）を採用し、着脱が容易となった。以前の装具では、一度組み上げた装具から水筒のみ外して別な位置に付け替えたいような場合、すべてを外して最初から組み上げる必要があり、容易なことではなかったから、これは大きな進歩である。

戦闘装着セットの個々の装具を見てみると、戦闘救急品袋は救急包帯が二個入るようになったのはよろしい。従来、朝鮮戦争時に米軍が使用していた物と大差のなかったX型の吊りバンド、つまりサスペンダーも米軍のようにY型となった。この戦闘吊りバンド、従来の物より肩に当たる部分の幅も広くなり、かつ厚くなった。剛性が増したことにより、肩に掛かる荷重自体が減少するわけではないが、肩が楽に感じるようになった。

ところで、この戦闘吊りバンド、なぜか表がOD色で裏が迷彩となっている。戦闘装着セットが部隊に交付されだした当初、表側こそ迷彩でなければいけないのにこれは何だ、と皆呆れ返った。まあ、お役所仕事の常というべきか、さすがに変なことが明々白々なので改善しないわけにもいかず、最近、両面とも迷彩になった物が補給されだしたようであ

表面がＯＤ色で裏面が迷彩となっている戦闘吊りバンド

る。

もっとも、サスペンダーが迷彩模様になっていようがいまいが、一〇〇メートルも離れれば視認性に差があるようには思えない。とはいえ、ＯＤ一色よりは迷彩の方が偽装効果は高いのだから、敵方から見えない裏面を迷彩にし、表面をＯＤ色にするというのはあまりに変であった。

さて、従来の弾帯が、淡緑灰色でポリエステル製の戦闘弾帯となった。見た目は米軍のＬＣ-２型ピストルベルトそっくりなのだが、弾帯の長さを調節する金具が片側にのみ付いている点が異なる。また、鳩目も米軍の物より若干大きい。

従来の弾帯に比べ幅が7ミリ広くなり、鳩目も三段から二段になった。本体の剛性は増したが、少々硬すぎる感がある。別項でも述べたように硬くて外しにくく、そのため長さの調整もしづらくなった。おまけに破損しやすいプラスチック製バックルと相まって、隊員からはかなり不評のよう。このような隊員の声を反映してか、ＰＸでは「ソフト弾帯」とか「やわらか弾帯」なる品名の戦闘弾帯類似品が販売されており、好評を博しているくらいである。

また、重量は従来の二〇〇グラムから三一〇グラムに増加しており、この一一〇グラムの差というのが五・五六mm普通弾十発の重量に等しい。だから、たかが一一〇グラムといえども重量増加は好ましいことではない、と筆者は思う。

43 第12旅団御用達？ 集約チョッキの話

一九九〇年代になって、欧米各国軍では兵士の個人装具としてベスト式装具を採用し始めた。いわゆるロードベアリング・ベスト、あるいはタクティカル・ベストと称する物がそれで、早い話が銃の弾倉入れポケットが沢山付いた戦闘用ベストである。

従来、先進各国軍では米軍式の弾帯＋サスペンダー式の装具システムが長らく使用されてきた。しかし、先述したように即応性の点や個々の構成品を着脱する際の便を考えると、このシステムが最高の物であるとはいいがたい。

冷戦構造崩壊後、世界の軍事情勢は激変した。世界規模での戦争が生起する可能性は低下し、変わりに地域紛争の増加が顕著となってきた。つまりボスニアやコソボ、ソマリアの例からもおわかりの通り、先進各国軍は、非正規戦など低強度紛争への対処を迫られる時代となってきたのだ。

これは、正面切って重装備部隊同士がぶつかり合う戦争から、兵隊が小火器中心でぶつかり合う泥臭い戦争に移行しつつあることを意味した。そこで、従来は特殊部隊など一部部隊でのみ使用されてきたベスト式装具が着目され出したわけである。

それに一層拍車を掛けたのが、米国同時多発テロであった。これにより、先進各国軍は特殊部隊のみならず、一般歩兵の装具システムの改良および開発に力を注ぐこととなった。それまで諸外国軍の動向を注視していた自衛隊も、工作船事案や米国同時多発テロを契機に対テロ、ゲリラ・コマンドゥ対処に本腰を入れることとなったのだ。

さて、ここに紹介する集約チョッキだが、これは残念ながら官品ではなく、第一空挺団や第一二旅団の隊員の要望に応じて業者が製作したPX品である。この「集約」とは、戦闘に必要な隊員の個々の装具を集約したという意味から、そう呼称されているのだそうだ。

まさに諸外国軍でいうタクティカル・ベストそのものなのだが、決して米軍の物真似では終わっていない所は評価に値する。また、随所にわが国独自の工夫もなされている。

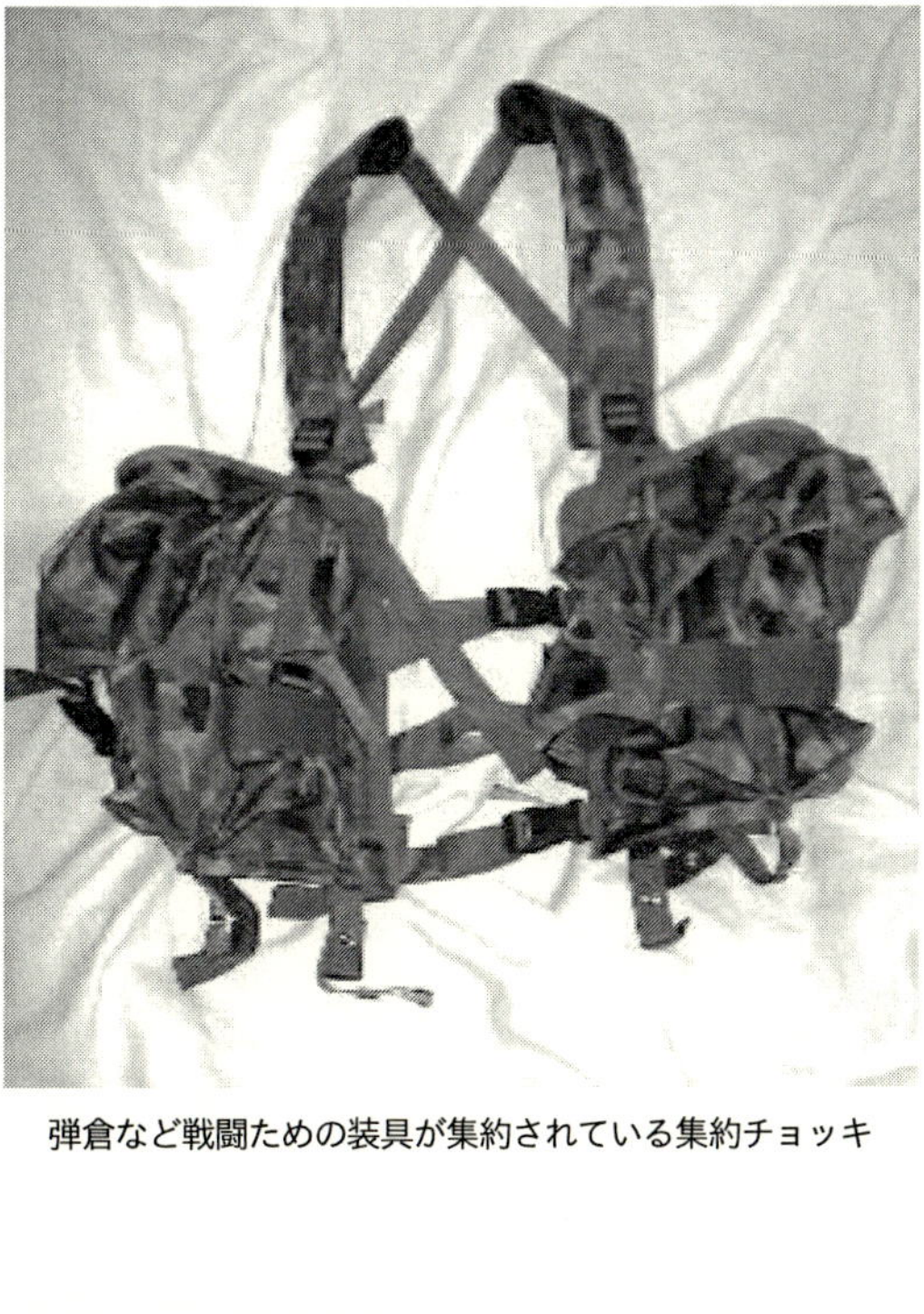

弾倉など戦闘ための装具が集約されている集約チョッキ

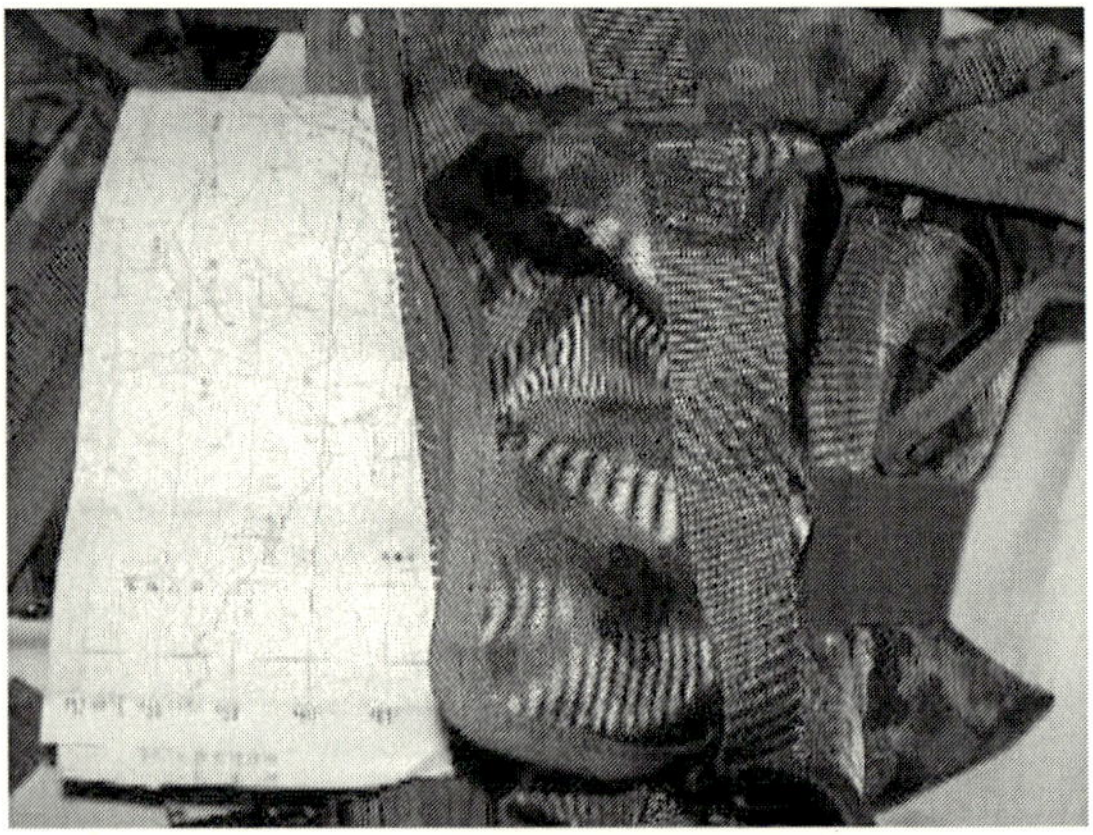

自衛隊の集約チョッキの内側には地図入れポケットがついている

例えば、この集約チョッキには弾倉入れのポケットが左右三つずつ付いているのだが、その内側には左右にそれぞれ一つずつの地図入れポケットがあり、ファスナーで蓋ができるようになっているのだ。

さらに集約チョッキの布地裏側に防水コーティングが施されているから、雨や汗で収納した地図が濡れることはまずない。また、集約チョッキ下部には弾帯吊りがあり、水筒や銃剣などは弾帯に装着した上で取り付けが可能である。

ところでこの集約チョッキ、チョッキとは称するが、造りからいえばイギリス軍でいうところのチェスト・リグに近い。胸掛け式弾薬ポーチとでもいうべきか。したがって、厳密には完全なベスト状にはなっておらず、その分軽量であるが交差する部分が捩じれたりしやすい。その上、激しい戦闘行動により左右に揺れるため、安定性の面でも問題がある。米軍のMOLLEベストのようにメッシュ生地のベストならば、捩じれも生じにくいし安定感大であり、かつ軽量である。

また、近年各国軍では戦場における兵士のヒート・ストレスが問題となっているが、メッシュ生地にすることで身体の蓄熱を発散できる。集約チョッキも交差する部分をなくしてメッシュベスト状にすれば、なおよいと思うのだが。

44 和製フィールド・ジャケットの作業外被

自衛隊の被服に限らず、現在の軍服は儀礼用としての制服と野戦用の戦闘服に大別される。これに対し、昔の軍服は制服と野戦服を兼用した物であった。制服と野戦服を区別するという現在のスタイルを確立したのは米国であった。

第二次世界大戦に参戦した米国は、M-41フィールド・ジャケットを開発したが、防寒性能やポケットの収納性に難があった。続いて開発されたM-43フィールド・ジャケットは、従来の欠点を解消した成功作として兵士に好評であった。そのデザインは、現在も使用されているM-65フィールド・ジャケットの原形ともなった。

陸上自衛隊で使用されているOD色の作業外被は、まさに和製フィールド・ジャケットというべきもので、作業服の上から着用する。しかし、デザインこそ四つポケットのファスナー式でフード内蔵と、米軍のフィールド・ジャケットそっくりであるが、防寒性などの機能面ではかなり見劣りがする。生地が薄手で軽いのはよいのだが、反面、耐久性と防寒性が犠牲となっている。米軍同様、内側にはナイロン製のキルティング・ライナーが装着可能となっているが、何とこれが官品として存在しないのだ。結局、PXで販売されているライナーを購入しなければならないのである。

ただ、生地に多少の撥水性《はっすいせい》があるため、少々の雨でも濡れにくい点はよろしい。この作業外被、女子用はデザインが異なり胸ポケットがなく、腰部分に二つポケットがある。腰に位置するポケットの蓋も丸味を帯びた、女子独特のデザインだ。この女子用外被も、外国軍の女性用フィールド・ジャケットと比較すれば、実に可愛らしい。しかし、男子用に比べて細身にデザインされているため、襟首周りのゆとりも少ない。それだけ肌に擦れやすく、「襟首が襟垢で汚れやすくて困るの。デザインが可愛いから、汚れても愛用しているけど」と同期の女子隊員は嘆いていた。

その彼女、女子用外被の襟首部分を広げて見せてくれたが、襟垢でテカテカに黒光りするほどの汚れだった。さらに、袖口や前合わせ部分、さらにはポケットの縁までテカテカに黒光り。筆者がふざけ半分にその場でクンクンしたら、彼女に苦笑されたが、着用している彼女にとっては実に不快なことだろう。なにせ、一着しか貸与されないのでなかなかクリーニングに出せず、かといって自分で洗濯すれば撥水性《はっすいせい》が失われてしまうのだ。

男子隊員なら、駐屯地の売店で私物の作業外被を購入でき、貸与された官品と2着で着回しが可能である。しかし、女子用外被は販売されておらず、男子用の作業外被ではサイズが大きすぎる。このため当時の婦人自衛官は、どんなに可愛いコだろうが、冬季に毎日女子用外被を愛用しつつも、襟垢汚れや袖口汚れに悩まされながら、我慢して着用したのだ。

とはいえ、米軍のフィールド・ジャケットと異なり、夏以外のスリーシーズンに着用できる点はよろしい。少し肌寒い程度の気候なら、大袈裟な防寒着は必要ない。軽量で気軽に羽織える作業外被の方が、意外と重宝するのである。

45 重い！固い！蒸れる！の三拍子揃った半長靴

半長靴、いわゆる茶革のコンバット・ブーツなのだが、「はんながくつ」ではなく、「はんちょうか」と称する。自衛隊の数有る被服・装具の中でも、隊員にこれほど評判の悪い物は存在しないだろう。

この半長靴、一応牛革製なのだが、革が硬く、この革の硬さには閉口する。官品の保革油と称する靴クリームではなく、市販のキィウィの靴クリームやレザーオイルで手入れしたところで、そう簡単には革が柔らかくなるわけでもない。最後の手段とばかり、営内の洗面所で半長靴を鍋で煮込んだ猛者もいたというくらいである。

このように革が硬いため、新しいうちは足に馴染むまでに相当の時間を要するのだ。長距離を行軍したわけでもないのに、足にマメができたりする。しかも、同じ牛革製である米軍のコンバット・ブーツの同サイズの物と比較して、一〇〇グラム以上重いのだ。たった一〇〇グラムと思う読者諸氏もいるかと思うが、この一〇〇グラムというのが長距離の徒歩行進では馬鹿にならない重量である。

半長靴をスピードレース型に改良した「戦闘靴、一般用」

さらに重いだけでなく、蒸れて水虫の原因となる。駐屯地でもカワイイと評判の女性自衛官でも、水虫で悩んでいたりするから困ったものだ。水虫は、古今東西の各国軍隊における職業病として有名で、ゴアテックス製のコンバット・ブーツを大量支給（正確には貸与だが）している米軍ですら、水虫を克服できずにいる。

このように、悪いところだけ三拍子揃っている半長靴だが、着用感とは別な部分は改良されている。陸上自衛隊では、一九九〇年代に入って新迷彩戦闘服の採用にともない、装具なども戦闘装着セットとして更新された。その内容品の一つに、「戦闘靴、一般用」という物が存在する。実質的には半長靴を改良した物にすぎないが、米軍のブーツのようなスピードレース型となり、靴紐を迅速に編み上げることができるようになった。また、靴の内側にゴム製でイボ状の突起が張られており、靴にたくし込んだズボンの裾がずり上がり、外に出てしまわぬように工夫されている。もっとも、このせっかくの工夫もあまり利用されることはない。なぜなら、若年隊員をはじめとするかなりの隊員が、半長靴の内側にズボンをたくし込まずに、ブーツバンドと称するゴムバンドでズボンの裾を止めるからである。しかも、この方法だと足下も格好よくキマる。

とはいえ、米軍のBDUのズボンは裾にあらかじめ紐が内蔵されていて、ブーツバンドを使用することなくズボンの裾を止めることができる。これは、非常に便利である。わが国の戦闘服のズボンもそのようにして貰いたいものである。

さらに戦闘靴の工夫としては、楽に歩行できるよう踵部分が斜にカットされていたりする。しかし、材質は従来と変わりなく、肝心の着用感向上のための改良はなされていない。

このように、評判がよいとは決していえない戦闘靴だが、その後「戦闘靴2型」となって、透湿・防水加工が施された。これは、多孔質のラミネート素材を用いて、外部の水滴は侵入しないが靴内の足蒸れが外部に発散できるというウリの、「ゴアテックスもどき」だった。ところが、謳い文句に性能が追いつかず不評で、「戦闘靴3型」となって改良され、履き心地はかなり改善されている。何しろ、ミドリ安全という自衛隊納入業者から、この戦闘靴3型の市販品が発売されていて、自衛隊マニア諸氏やマニアックな隊員に好評を博しているくらいだ。かくいう筆者も、外国軍のコンバット・ブーツやタクティカル・ブーツと貸与されている官品を比較してみた。最近の軍用ブーツとは結構いい値段がするもので、七カ国一一種類のブーツと比較するのが精いっぱいだった。

結果はというと、日本人と欧米人では足の扁平度などが異なるから、着用感は公平な評価ができないかも知れない。しかし、機能性や耐久性なら、長期間の反復着用により、客観的に評価することはできるだろう。筆者が履き比べた一一種類を勝手にランキングするならば、総合で第一位は米軍のベイツ社製ゴアテックス・ブーツで、第二位が米軍でも自衛隊でも人気がある「ダナー」というブランドのタクティカル・ブーツだ。

自衛隊の戦闘靴3型は第三位にランクインで、以下英軍のゴアテックス・レンジャーブーツ、ドイツ連邦軍の国産黒革製コンバット・ブーツと続く。米軍がベトナム戦争時代に使ったジャングルブーツは、決して上位にランク付けできないのだが、軽量であり防水性を考慮しないならそこそこ使える。現在でも、米軍の補給廠に当時と同規格の物があるし、フランス軍の黒革製コンバット・ブーツも、革が柔軟でまあまあよかった。だが、それでも自衛隊の戦闘靴3型よりは劣るだろう。そもそも、その戦闘靴3型ですら、本家ゴアテックスを使用した米軍のブーツにはかなわない。

46　徒歩行進の苦痛に耐えよ！「背のう」の変遷

冷戦構造の崩壊後、「防衛計画の大綱」の見直しにより、自衛隊でもドラマティックかつドラスティックな改革をすることとなった。従来にない戦略単位として新たに旅団が設けられ、師団や旅団もタイプ別に編成されるようになった。いわゆる政経中枢型師団であるとか、空中機動性を高めた旅団だとか、車輌による戦略機動型旅団の類いである。

従来、陸上自衛隊は約一二〇〇輌の戦車に対し、ＡＰＣ（装甲人員輸送車）はその約半分の数量しか保有していなかった。一般軍事常識からいえば、ＡＰＣは兵員の輸送以外にも多目的に使用されるため、戦車の倍は保有しているのが望ましいとされ、各国軍においても大体同比率で各々を装備している。

ところが、自衛隊での戦車とＡＰＣの保有比率はまったく逆である。自衛隊は、以前からこの点を部外の識者にうるさく指摘されてきたが、96式装輪装甲車や軽装甲機動車の大量調達により、最近それもやっと改善されつつある。

現代の軍隊におけるもっとも基本的な機動手段、それはいうまでもなく己の二本の足で歩くことだ。自衛隊の普通科部隊でもやっと自動車化が達成され、今度はＡＰＣの充足により機械化・装甲化されつつある時代となっても徒歩行進は機動手段の基本である。

さて、その徒歩行進であるが、新隊員においては全国どこの教育部隊でも約二五キロの徒歩行進を実施する。この二五キロという距離、読者諸氏には長く感じるだろうがたいした距離ではない。毎年四月になると、新入社員教育の一貫として民間企業が二泊三日程度の自衛隊の体験入隊を企画する。その最後の総仕上げで二五キロを歩くのだ。もちろん、作業服に半長靴でヘルメット・ライナー程度の軽装だが、余程のことがなければ女のコの体験入隊者でも難なく歩けてしまう。

もっともこれは管理行進といって、落伍者に備えて安全係や衛生隊員が同行するし、後送用のジープや救急車もスタンバイしているという安心感もあるからだろうが、これが普通科部隊の徒歩行進のように、フル装備で五〇キロの距離、しかも戦闘状況下ともなると、かなりキツいようだ。

その背中に背負う背のうであるが、73式大型背のうが登場するまでは、旧軍の俗にいうタコ足型背のうそっくりの物であった。これがまた容量不足で、組み上げるのが大変な代物だ。なにしろ、飯ごう、円ぴ（携帯用の折り畳みスコップ）、携帯天幕などを一つ一つ紐で縛り付け、本体にくくり付ける必要がある。この紐が何本もあるのでタコ足型と称されるわけだ。

これが、73式大型背のうとなって、登山用のリュックとあまり変わらない形状となった。飯ごうや円ぴを収納する専用のポケットが設けられ、組み上げるのも簡単になった。材質もビニロンとなり防水性も増した。しかし、この73式大型背のうは、横に幅広い形状なので背負ったときのバランスが今一つで、しかも全重量が肩にかかるという点はよろしくない。

現在の戦闘背のうになって、アウトドア・トレッキング用のバックパックの様に縦長の形状となった。これにより、背負った際のバランスの悪さが改善されるとともに、フレームが背のうに内蔵されたうえ、腰部で固定することにより過重が分散されるようになった。これは非常によろしい。また、外部にスキーや各種戦闘装具を懸ちょうピンで固定できる。使い勝手に関しても、隊員の評判はよいという。機能的にも、米軍のインターナルフレーム・ラックサックに遜色ないといえる。この戦闘背のうの登場で、徒歩行進の苦痛も少しは和らぐようになったのではないだろうか。

47 バッグと呼ぶべからず「衣のう」と「雑のう」

「衣のう」とは耳なれない言葉だが、主として、野外において予備の戦闘服や下着などを携行するための、大型手提げバッグである。現在の衣のう2型は手提げバッグ型ではあるが、背負うことも可能だし、従来の物よりも内容物が取り出しやすくなっている。

この点、旧型の衣のうは米軍などのダッフルバッグとほぼ同型であった。容量はそこそこであったが袋状のため、一番下に入れた物だけを取り出すのが困難な上、携行するにも不便であった。まあ、野外行動の際は、携行する必要最低限の物は背のうに入れるから、常時衣のうを携行することはまずない。車輌に積載していることが多いとはいえ、駐屯地内では職場や営内班の引っ越しなどにも重宝するので、携行に便利な方が都合よい。

さて、一方の雑のうだが、その昔、ヨーロッパ諸国の軍隊では、兵士が携行する雑のうをブレッド・バッグ、すなわちパン袋と俗称した。雑のうは、兵士の私物などの身の回り一切の小物だけでなく、主として糧食の携行に用いられたためである。これに対して我が旧軍は米が主食であったから米袋、とは呼ばなかったが、やはり糧食や雑多な小物の携行に重宝された。

この雑のう、布製や革製のショルダーバッグではあるが、重装備を必要としない任務には適度な容量がある。現在の自衛隊で使用されている戦闘雑のうは、新迷彩のナイロンおよびポリエステル生地で、ベトナム戦時に使用された米軍のM-1956型フィールドパックにショルダー・ストラップを付けたような形状をしている。外部にはポケットが付属し、内側には間仕切りがあり、ビニールコーティングされ防水性も付与されている。

旧型の雑のうはOD色のビニロン製で、防水性こそまあまあであったが、使い勝手の面で今一つであった。これと比較すれば、現在の戦闘雑のうはかなり機能的となった。そのデザインも、ダサかった旧型より大分洗練され好評のようで、かなりの進歩であるといえよう。

48 セパレーツからポンチョまで、自衛隊の雨衣

昔から、雨が降ろうが槍が降ろうが、とはよくいうところである。現代なら、降ってくるのが槍ではなく砲弾であったりするが、天候・気象に関わらず戦闘が継続されるのが現代戦だ。

もし、ナポレオンが現代にタイムスリップでもしたならば、冬営もしないで雪中で戦闘する様子に、さぞや驚くに違いない。

今から四〇年も前の話だが、レーダーなどを装備し航法器材が充実している機体を全天候戦闘機などと称して、昼間のみ運用可能な機体と区別していたことがあった。

歩兵もまさに全天候対応なのだが、雨に濡れては風邪をひく。極寒においては充分に防寒対策しないと凍死するし、酷暑の下では暑さの対策が必要である。

部隊の戦闘力発揮の骨幹は、マンパワーによるところが大きい。いかに歩兵が全天候とはいえ、これらの対策が不十分であれば、士気の低下をもたらすとともに、作戦の成否にも

大きく影響するのだ。

化学繊維が登場する以前の雨衣は、各国軍とも綿の基布にゴム引きしたレインコートやポンチョ程度しか存在しなかった。これは重くてかさばる上に、一度濡れて縫目から雨などが浸透でもすれば、急激にその部分から劣化するような代物であった。

人間は、衣服が濡れると体温の低下に繋がり不快なだけではなく、士気も低下する。レインコートは歩哨などの警戒には便利であったが、激しい戦闘行動には不適であった。各国軍で、セパレーツ型の上下に別れた雨衣が普及したのは戦後となってからのことである。

陸上自衛隊でも、OD色でフード付きのセパレーツ雨衣が長らく使用されてきた。これは、ゴム引きナイロンの合羽で通気性に劣るため、隊員の評判はよいとはいえなかった。何しろ、内側がゴム引きのため蒸れて不快だし、新品の内は防水効果があるとはいえ、雨に濡れなくても、蒸れて自分の汗で内側から濡れるのだ。恐らく、半長靴の次に隊員から不評を買っていたのではなかろうか。

このセパレーツ雨衣、数年前に透湿防水仕様の改良型が登場したが、いわゆる本家のゴアテックスほどの性能ではない。とはいえ、従来の物と比較すれば防水性も着用感も格段に向上している。これは、現在の新迷彩の戦闘雨具でも同様である。戦闘雨具は透湿防水仕様であるばかりか、近赤外偽装も施されている。また、ズボンの腰部分の内側には、ズボンがずり下がるのを防止するゴムパッドまで付けられていて、なかなか凝った造りとなっている。

しかし、今時はPXでゴアテックス素材の雨衣を私物として購入できる時代だ。一度その快適性を経験してしまった隊員にとっては、現行の透湿防水仕様の雨衣でもまだ不満のようで、ゴアテックス素材を使用した戦闘雨具に改良を望む声は多い。やはりモドキではなく、ホンモノが欲しいといったところか。

49　防水性に難点？　個人用携帯天幕と仮眠覆い

陸上自衛隊の駐屯地は、正式には英語でステーションと称する。しかし、これは文書上での標記にすぎず、英語での通称はあくまでキャンプである。駐屯地には、恒久的な建物施設が存在するとはいっても、部隊が有事に野外展開するための仮住まいにすぎないというわけだ。だから、空自や海自は基地と称しても、陸自の場合は基地とは呼ぶのは誤りである。

さて、野外で部隊がキャンプすることを宿営と称するが、通常は露営といって天幕（テント）を構築する。この天幕も、一〇人以上を収容可能な大型の物から個人用携帯天幕と称する小さな物まで多種多用な物が存在する。本項で紹介する個人用携帯天幕は、個人用とはいっても二人で一セットである。それぞれが細長い六角形をした一枚の幕布と支柱や杭を運搬し、露営の際に協力して組み立てるのである。

これは、幌布にように丈夫な、ビニロン製の幕布であるため重量もあり、個人携行の負担ともなるため最近では使用されなくなってきているようだ。米軍など諸外国軍にも同様の天幕が装備されていたが、現在は市販のレジャー用テントを迷彩にしたような、軍用とは思えない今風のデザインの物が主流となりつつある。ナイロン製で小型軽量ではあるが、耐久性に難がありそうだ。

後方部隊であれば、状況の許す限り天幕構築をするのだが、最前線ではそのような余裕はない。ましてや敵の脅威下での徒歩行軍中には悠長に天幕構築するわけにもいくまい。

そこで仮眠覆いの登場となる。この仮眠覆い、新迷彩のプリントされた薄手のナイロン製で、外覆いと内覆いの二重の幕から構成されている。幕自体は一辺が二メートルはあろうかという大きな物で、生地にナイロン糸を格子状に配したリップストップを施しているので、一部分が裂けても裂け目が広がらないようになっている。

生地自体は撥水性のあるナイロンで軽量である。内覆いがライナーの役割をし、これに身を包み仮眠するわけである。木の枝を利用してタープ状にしたり、ポンチョとしても使用可能なので重宝する。また、使用しないときは畳んだ後で、最後に本体に付いたファスナーをして包んでしまうことができ、非常にコンパクトに収納できる。これでゴアテックスのような防水性があればなおよいのだが、この辺は防衛予算の問題もあるから財布と相談するしかないだろう。

50　予算的に厳しい？　各種手袋と靴下

読者諸氏の中でサバイバルゲームやキャンプ、あるいはトレッキングなどで野外行動する方も多いだろう。そして、野外で作業する際に、手袋を忘れて困った経験のある方も多いことだろう。

レジャーですらそうなのだから、軍隊が野外行動するうえで手袋は必須の装備である。手の保護はもちろん、寒冷地にあっては、保温による身体機能の維持も合わせ持つ。たかが手袋、されど手袋なのである。もっとも有名な軍隊の手袋は軍手で、現在でこそ、白い軍手は民生用としてコンビニでも販売されているが、自衛隊や米軍の物はＯＤ色である。

自衛隊の軍手も従来の物よりかなり進歩した。戦闘装着セットの内容品である「戦闘手袋、一般用」は少々高級な軍手にしか見えないが、近赤外偽装が施されており、耐摩耗性と対退色性にも優れている。ただ、軍手のごとき物は、重量物の運搬時は滑りやすく、グリップ性がよろしくない。

本来なら革手袋を交付していただきたいところだが、コストが倍どころか恐らく十倍にはなりそうで、厳しい防衛予算の下では無理なようだ。当分の間は、相変わらずPXで私物の革手袋を購入するしかないようである。ただ、「戦闘手袋、一般用」はその後改善されて、手の甲側が迷彩生地に、手のひら側がOD色になったものが出現した。一見、革とポリエステル混在の手袋に見えるが、もちろんゴアテックス素材ではない。材質が高級軍手風から現代風な生地になり、近赤外偽装が施されているだけマシになったというべきか。近年隊員に人気があるゴアテックス素材の私物手袋は、機能性に優れてはいるがまだまだ高価である。官品としてのゴアテックス手袋の登場は、果たしていつになることやら。

そして、お次は制服と同時に着用する白手袋である。これは主として式典などの儀礼用で、隊員は略して白手と称する。警察や消防、海上保安庁などで使用されている物とほとんど仕様は変わらない。

ただ、自衛隊の場合、儀じょう隊を編成して小銃などを扱うことがあるため、その防錆油などが付着して汚れることがある。白手袋を着用しての統制された動作はかなり目立つし、白手が汚れて黒手となっては、せっかくの統制の美もブチ壊しとなる。白手袋は純白だからこそ美しいのであり、少しでも黄ばんだり黒ずんでいては、儀礼用として相応しくない。あまり使用頻度の多くない割には、結構重要な手袋なのである。

さて、次に靴下である。米軍の場合であれば、制服用の靴下のみならず野外行動時に着用するOD色の靴下までが支給される。防衛予算に制約のある自衛隊ではこうもいかない。男子隊員が着用する制服用の靴下こそ、厚手の冬用と薄手の夏用の二種類が支給されるが、野外用のOD色の靴下は官品が存在しない。だから、隊員が私物として購入するしかないのが現状だ。

米軍の使用している野外用ODソックスは、通称GIソックスと称される。この靴下は、ウール100%のパイル地のため、高温多湿のベトナムでも蒸れないと兵士に評判であった。また、一般的な形状の靴下であれば、着用している内に踵部分がズレてきて、靴擦れが生じる原因ともなるが、GIソックスはテーパー状のデザインとなっているため、そのようなことはなく、この点も兵士に好評であったようである。

また、丈が長く普通の靴下の倍以上あるため、ベトナム戦争においてＧＩ達は、このソックスにＣシーレーションの缶詰めを入れて、ぶら下げて携行するなど重宝した。これはベトナム戦争の映画でもよく描かれている。たかが靴下とはいえ、予算の制約上難しいかも知れないが、野外用のＯＤソックスくらい戦闘装着セットの内容品として支給していただきたいと思うのだが……。

51　防寒被服と防寒靴、冬季装備の話

筆者は、青森に駐屯する第5普通科連隊で新隊員の前期教育を受けた。第5普通科連隊は、旧陸軍の歩兵第五聯隊の伝統を継承する普通科部隊として有名である。

自衛隊は、その半世紀に及ぶ歴史の中で、何度も駐屯地の統廃合や部隊の改編が実施されてきた。そのため、旧陸軍の聯隊番号とその所在地が一致している普通科連隊も、そう多くはない。しかも、旧軍以来の伝統である八甲田山における雪中行軍を毎年のように実施している、極めて希有な、いや唯一の部隊である。

旧陸軍の八甲田山における遭難は、映画にもなったし関連書籍も多数出版されているので、ここでは概略を述べるに止めておく。日露戦争直前の明治三五年（一九〇二）一月、青森を進発した歩兵第五聯隊第二大隊長以下二一〇名および弘前歩兵第三一聯隊の二七名が、八甲田山における雪中行軍で集団遭難した事案である。その内、生存者は両部隊合わせてわずか三九名という悲惨さであった。

この雪中行軍は、来るべき対ロシア戦に備え、極寒地における装備および部隊運用についての研究が目的であった。

現在の自衛隊では、防寒被服などの冬季装備も充分であり、極寒の八甲田山でも遭難することはまずあり得ないだろう。猛暑の下では服を脱ぐのも限界があるし、たとえスッポンポンになったからといって熱中症を防ぐことはできない。しかし、寒い分には充分に服を着込んで暖を取ることができれば、凍死することはまずないのである。

ところが、当時は雪上車もなければ固形燃料があるわけでもなく、使い捨ての携帯カイロすらもない。零下二二度の寒さでは、当然ながら握り飯も凍ってしまう。しかも風速三〇メートルということは、体感気温は零下五〇度という凄まじさである。

現在の自衛隊では、たとえ戦闘糧食が凍っても専用の簡易加熱剤があるので、火が起こせない場合でも温かいメシの喫食が可能だ。雪中での露営は、雪国の「かまくら」のように雪洞というか雪壕を構築して暖を取る。遭難した当時の部隊は、背嚢（はいのう）や、果ては小銃の木部まで焚いて暖

を取ったが、燃やすモノがなくなったらどうしようもない。

さて、現在の自衛隊における防寒被服は、戦闘装着セットの内容品としてシステム化されている。この内、戦闘防寒外衣は戦闘服の上に着込む物で、内側には着脱可能なキルティング素材のライナーがある。この被服も、戦闘服と同様に新迷彩がプリントされているが、茶色と緑色の配色比率が逆になっている。このため、俗に「茶系新迷彩」と呼ばれている。

従来使用されていたパーカー型の防寒外衣は、OD色と白色のリバーシブル仕様となっていたが、これと異なり、戦闘防寒外衣はそのようにはなっていない。そのため、積雪地においては戦闘防寒白色外衣を着用する。この被服、単に白色であるばかりでなく対紫外線偽装が施されているようで、雪中における光学および電子的偵察手段に対する偽装性を有している。

次に手足の防寒対策はどうか。人間は、手足などの末端部は寒さに弱く、凍傷になるのもこれらの部分からという場合がほとんどである。そのため、手足の防寒および保温は実に重要である。そのために戦闘防寒手袋が用意されており、この上から手袋用の戦闘白色覆いをするようになっている。

当然ながら、雪中では白以外の色は目立つため、手袋だけでなく鉄帽から背のうや防寒靴に至るまでの、あらゆる装備品に白色覆いが用意されている。戦闘防寒靴はかなり厚手の革製で、スキー靴兼用となっている。この靴は、踝が隠れる程度の長さしかなく、半長靴や戦闘靴のようにズボンの裾を靴の中に入れることが不可能である。そのためこの靴を着用する際は、レッグウォーマー状の戦闘防寒足首巻を併用するのである。

そして、最後に紹介する「戦闘防寒尻当て」だが、これは、寒冷地において雪面に座る場合に使用する物である。もちろん、直接雪面に座らなくとも、長時間に渡って尻が雪に接していれば濡れてしまう。それを防止するための物で、その昔、冬に狩りをするマタギも動物の毛皮などで尻当てを造り使用していた。

最近の若者は、平気で地面に腰を降ろして屯《たむろ》しているが、市街地ならズボンの尻が汚れるだけで済む。しかし、積雪地では尻が濡れて不快なだけでなく、体温低下の原因ともなる。特に冷え性の多い女子隊員にとって、オシリが濡れるのはかなりツライことだろう。

このように、戦闘防寒尻当ては単なるビニールコーティングされた布切れにすぎないが、尻部への透湿防止、つまり濡れるのを防止する重要なアイテムなのである。

52　スキーは戦技の一つ！　官品スキーとアキオ

陸上自衛隊の真駒内駐屯地は、札幌雪まつりの会場として有名だ。その札幌雪まつりは、自衛隊が大型雪像の作成や雪の運搬を担当したり、かなりの部分を支援しているのだが、これが以外と一般には知られていない。この真駒内駐屯地には冬季戦技教育隊、略して冬戦教という部隊が所在している。

自衛隊におけるスキーは、射撃や格闘などの戦技の一つという位置付けで、東北地方以北の隊員にとっては必須特技である。冬戦教は、隊員に対してこのスキーなどの戦技教育を実施するとともに、積雪寒冷地における戦闘の研究を主たる任務としている。

また、冬戦教はオリンピックのバイアスロン競技などの選手を輩出していることでも有名だ。ちなみに、筆者の中学時代の同級生の女性は筆者と同期入隊で、冬戦教初の女子バイアスロン競技の選手として冬季オリンピックに二度出場している。

筆者の生まれ育った青森県はスキーが盛んであるとはいっても、当たり前だが県民すべてがスキー上手なわけではない。フィンランドなどの北欧諸国の人間だって、スキーを履いて生まれてはこない。やはり、彼女がオリンピックに出場できたのも、天性の素質と不断の努力の結果なのであろう。彼女は中学当時から負けず嫌いで、男子顔負けのド根性の持ち主であった。本人は、男の子に生まれたかったといっていたくらいだ。なにしろ、いくら寒くても制服はスカートであった女子生徒の中で、恐らく全校でただ一人女子用スラックスを履いていたほどのボーイッシュさである。

スキーの戦技教育を受ける自衛隊員。東北地方以北の隊員には必須の戦技となっている

そして、バイアスロンは他のスキー競技と異なり、メンタル的要素の強い競技である。したがって、スキー技術のみならず射撃も上手くなくてはならないが、かなりの集中力と平常心が要求される。的を外すとペナルティが科せられコー

スをもう一周することになるし、射撃も激動後の状態で行なうのだ。過酷な競技である。そんなわけで、彼女は筆者より二曹昇任も早かったばかりか、陸幕長から直々に特別褒賞もいただいている。たいしたものだ。

さて、自衛隊の官品スキーは外国軍の軍用スキー同様、通常のゲレンデ用スキーに比べ細長い。いわゆるクロスカントリー仕様のスキーである。色は白一色で、これはもちろん、雪中での偽装性を考えてのことだ。

やはり諸外国の軍用スキーも白色で、市販のスキーのように官品のビンディングが存在するわけではない。だから、片方のスキーが外れて遥か下方へと滑っていってしまっては、見つけることが困難な場合もある。

そしてこの官品スキー、市販のスキーと比較すれば古色蒼然たる外観で、まるで半世紀前のスキーといった趣きがある。何せ、フィットフェルト式と称する革製の締具でスキー靴を固定するような構造となっている。これは、ゲレンデ用のスキーや市販のクロスカントリー用スキーと異なり、一つのスキーで滑走と滑降および回転のスキー操作が求められるからである。

とはいえ、官品スキーの回転操作はゲレンデ用スキーより難しい。スキーをハの字形にしたまま蛇行回転を行なう「プルーク・ボーゲン」なら簡単だが、シュテム・ボーゲン、シュテム・ターンと徐々に難しくなってくる。もっとも、官品スキーの操作が市販スキーより難しいとはいっても、その習熟度には個人差がある。並の運動神経の持ち主なら比較的早くマスターすることが可能だろうが、筆者などは遂にパラレル・ターンを会得できなかったくらいで、情けない話である。

また、ストックもこれまた古色蒼然である。現在使用されている官品のスキーⅡ型では、ストックはグラスファイバー製で今風のデザインだが、筆者が使用していた頃の物は何と竹（！）でできており、竹の節もそのままに残るシャフトに手革とグリップが付いていた。

筆者が東北の部隊に勤務していた頃、部隊のスキー訓練で毎年のように民間のスキー場へ行った。こう書くと「いいよな、自衛隊は。平日にスキーで遊べるなんて」という方もいるだろうが、あくまで戦技教育の訓練である。ゲレンデで主として回転技術を演練し、スキー検定を受験するためだ。もちろん、このスキー検定はスキー協会の検定ではなく、自衛隊独自の検定だ。その検定においては、級外から特級に至るまでのいずれかに判定され、基準以上の成績を修めた者にはスキーき章が授与される。

そして、そのための訓練は平日に行なうものだから、スキー教室に参加する小・中学生などの注目の的となる。昼食後に、スキー置場で午後の訓練に備え準備していると、たちまち小学生や民間スキーヤーの質問攻めにあう。竹製ストックがよほど珍しいのか、「おじさん、自衛隊のスキーって板もストックも古臭いね」とか「ほう、今時竹製のストックとは渋いですなぁ」といった調子であった。

このように、ゲレンデで主として回転技術を演練するのに対し、積雪地の演習場では主として滑走と滑降技術を演練する。ただ滑走や滑降するだけなら簡単ではないか、と思うだろうがこれまた大変だ。何せ、単に滑走や滑降するのではなく、重装備を背負っての作戦行動下のスキー機動を訓練するわけで、実際に約二〇キロの背のうを背負って訓練をするのだ。アップダウンの連続した五キロのコースを一周しただけで汗だくとなるくらいである。

もしもこの際、スキーのワックスを誤って使用したら最悪だ。現在のスキーII型では、底面に魚のウロコ状にノンスリップ加工が施されているが、筆者が使用していた当時の官品スキーにはこれがなかった。

そのため、滑走の円滑化やスリップ防止のために、ワックスを用いなければならなかった。そのワックスは滑走用と滑降用に区分され、それぞれ外気温や雪面温度および雪質によって色の異なる数種類のワックスが用意されていた。

ここで、情けない話パート2をしよう。あるとき、部隊内で競技会形式のスキー機動訓練が実施されたのだが、その際、筆者は滑走用ワックスと滑降用ワックスを誤って塗布してしまった。当然ながら、昇り斜面でも下り斜面でもスキーの底部に雪がくっつき、いわゆる「ゲタ状態」となる始末。結局、新隊員の女のコにも抜かれて最下位でゴールする羽目になった。

このように、当時の官品スキーはその日の天候状況などにより、適切なワックスを選定することが重要であった。ベテラン隊員なら、過去の経験を通じて適切な選択ができる。しかし、筆者は経験不足であったし、何よりも競技会形式であるから、ベテランもどのようなワックスを使用すればよいかは教えてくれない。というか、女のコには優しく教えても、ムクツケき野郎には教えてくれようもない。その晩は、技術も知識も寝ているだけでは身に付かない、そして、そのためには必要とあれば盗んでも修得しなければならん、と反省したものだった。

さて、最後にほんの少しだけであるが「アキオ」について紹介しておこう。「誰だ、そりゃ」と思う方もいるだろうが、人名ではない。アキオとは、積雪寒冷地において装備品や資材などを運搬するための大型の雪橇《ぞり》である。これは、主として普通科部隊などで装備している。グラスファイバー製だが大型なので、通常は数人で曳航する。これに乗って急斜面を滑走すれば、映画の「インディ・ジョーンズ」のようで迫力満点かつ気分爽快かも知れないが、人員の乗用に用いることはまずない。それに、ハンドルが付いていて自由に操舵できるわけでもない。映画のように使用したら操舵もできず、止まり切れず谷底へ落下するのがオチである。まあ、これに乗るのは負傷して独歩不可能なときか、戦死してホトケさんとなったときくらいだろう。

53　エアーマットおよびスリーピングバッグと野外敷物

かつての旧軍では、露営に際して天幕（テント）の中にはゴザを敷いた。もちろん、地面の上に直接敷くわけではなく、敷幕の上に敷くのだが、現在から見れば何ともみすぼらしい。

現在の自衛隊では、敷幕の上に野外敷物と称するOD色のウレタンマットを敷く。米軍など諸外国軍は、ロール状のウレタンマットを使用しているが、自衛隊の野外敷物は蛇腹状に折り畳むようになっている。そのため、射撃予習などの訓練時には便利だが、かさばるので携行するには適さない。この上にエアーマットを敷いて、スリーピングバッグに毛布を掛けて寝るわけである。

これらは、主として自衛隊の演習場などの野外で使用されるが、大抵は人里離れた山に近い場所であったりする。そのため、訓練最盛期たる秋の演習シーズンともなれば、石油ストーブの出番となる。

エアーマットはOD色のゴム引きナイロン製で、米軍の物に似た形状である。ビーチボールや浮き輪といった市販のビニール玩具のように、簡単に破けてしまうことはないが、小さな穴が開いて空気が抜けたりすることもあるから、注意が必要である。

このエアーマットを膨らませるための官品足踏み式ポンプが存在するが、これはあまり使用されることはない。73式大型トラックなどのエアー・リザーブタンクのドレーンバルブから空気を入れれば、迅速に膨らませることが可能だからである。

そしてスリーピングバッグ、つまり寝袋だが、現在の物は、民生品であれ自衛隊や諸外国軍の物であれ、内側からでもファスナーの開閉が可能な構造となっている。

これは、朝鮮戦争時、米軍の旧型寝袋がそのような構造になっていなかったため、共産軍の夜襲により、寝袋に入ったまま銃剣で刺されて戦死する米兵が多かったことに起因する。それ以来、米軍の寝袋は内側からもファスナーの開閉が容易なタイプが主流となり、諸外国軍もそれを真似たという。そして、いつの間にか民生品にも応用されるようになったのである。

また、朝鮮戦争当時の寝袋は、グース100％などというように、内部に充填する保温材として水鳥の羽毛が使用されていた。しかし、羽毛は保温性には優れているが、一度濡れたり湿気を含んだりすると乾きにくいのが難点である。これに対し現在の物は、各国軍とも、軽量で濡れても乾きやすいアクリルの保温材を使用している。

ところで、自衛隊のスリーピングバッグは一般地用と寒冷地用に大別される。寒冷地用は、国内で使用する限りにおいては充分な保温性能を有しており、厳寒のシベリアではともかく、真冬の北海道においてはその真価を充分に発揮するのである。

54　ゴルゴ13を養成せよ!?　狙撃手の話

狙撃手の資質を述べよといわれたら、読者諸氏は何と答えるか？　ある者は、沈着冷静と答えるだろうし、ある者は正確無比と答える。そしてある者は、狙撃という手段は卑怯者の戦術だ、男なら正々堂々とサシで勝負するべきだ、という向きもいるだろう。

だがしかし、いくら卑怯だといっても、いかにハイテク現代戦といえども狙撃手の陸戦における重要性が低下したわけではない。それどころか、冷戦構造崩壊後の低強度紛争たけなわの現代においては、狙撃手の重要性は益々高まってきているといえる。

従来、欧米を中心とした諸外国軍では狙撃手の必要性を充分に理解し、その装備や運用の研究に余念がなかった。ところが、わが国の自衛隊は狙撃手の育成にはほとんど関心がなかったといってよく、それはつい最近まで専用のボルトアクション狙撃銃を保有していなかったことからも明らかである。

何せ、自衛隊が従来使用してきた狙撃銃というのは、部隊の装備する64式小銃の中から比較的ガタが少なく、射弾散布などの極端な個癖がない精度良好な銃であった。これに照準眼鏡を付け、特級射手を狙撃手の任務に充てていたのだ。しかも、普通科中隊長直轄の狙撃手は存在しても、各小銃班に専任の狙撃手が存在するわけではなく、通常は二番手の班員が狙撃手を兼務していたくらいである。まあ、旧軍の場合でも、九二式重機関銃にすら照準眼鏡を装着して精密射撃をすることはあっても、狙撃銃の開発と運用自体には熱心ではなかった。ともかく狙撃という点だけでいっても、以前の自衛隊は有事に際していかに戦うべきか真剣に考えていたのか、と疑いたくなるほどであった。

本来、自動装填式の小銃は狙撃銃としては適当ではないことを考えれば、ボルトアクション狙撃銃を装備するのは当然である。それなのに64式小銃に照準眼鏡を付けただけで、ドラえもんでもあるまいし「ハイ、狙撃銃〜！」といってお茶を濁していたのは「有事なぞあるものか」とタカを括っていたか、国民の不支持に嫌気が差したことで生じた事勿れ主義によって、やる気が喪失していたかのどちらかではあるまいか。

そうでなければ、64式小銃のような駄っ作銃（岡部先生、ゴメンナサイ）を急場しのぎの狙撃銃として使用することはあっても、つい最近に至るまで使用し続けるわけがない。私物の鉄砲としてM-14のコマーシャル・タイプを愛用する筆者の先輩の幹部は、64式を「史上最低の軍用小銃」と評するし、もう定年になった筆者の大先輩に至っては、「銃を知らない人間が設計したとしか思えないクソ銃」と評する位である。

「これぞ我が銃」の一節で始まる米海兵隊の「射手の信条」は、スタンリー・キューブリック監督の映画フルメタル・ジャケットでもお馴染みである。米海兵隊の神髄は、海兵隊員一人一人が小銃手《ライフルマン》であると同時に優秀な狙撃手たらんとする精神にある。つまり、パイロットであろうが炊事兵であろうが全員が射撃のプロであるべきだ、という意識が重要というわけである。射撃に関しては下手の横好きにすぎなかった筆者がいうのも何だが、この点は我が陸自の全隊員が見習う必要があるのではないだろうか。

このように、長らく専用の狙撃銃が存在しなかった陸自も、やっとというか遂にというべきか対人狙撃銃を調達した。米軍で採用されているM-24がそれである。なぜ海兵隊が採用しているM-40ではなくM-24なのだ、という方もいるだろうが、ここで重要なのは、今まで欠落していた能力を保有できたことに意義があるのであって、両者の性能や使い勝手に大差ないのであれば、銃の種類はあまり問題とはならないことだ。

さて、陸自の本格的な狙撃手は養成中の段階であるが、その装備は如何なる物であろうか。高精度の照準眼鏡として名高いレオポルド（ネイティブ・スピーカーの発音ならリューポードーだが）は、銃の付属品であるので除外するとしたら、狙撃手必須の装備といえば偽装網であろう。

その偽装網であるが、欧米各国軍では「ギリー・スーツ」が有名である。専守防衛を国是とし、伏撃を多用せざるを得ないわが国では従来から偽装網が装備されてきたが、そのほとんどは官品の偽装網あるいは漁網に、廃傘つまり耐用年数超過により不用決定された落下傘の生地を切断し、リボン状に結び付けた物にすぎなかった。いわば、隊員の創意工夫によるハンドメイドである。

この偽装網は安価であり、目視による対可視光線という点では効果を発揮するが、対近赤外偽装という点では劣る。狙撃手は偵察も任務とするが、同時に相手の狙撃手の偽装を見破り、これを発見し排除するのも任務である。だから、敵から見つかってはならないのはいうまでもない。そこで、和製ギリー・スーツというべき「携帯偽装網」の登場と相成ったわけである。

偽装して、対人狙撃銃を構える隊員

この携帯偽装網、造りからいえば天幕や車輛、航空機などの装備品を偽装する通称バラキューダと称する官品の制式偽装網と同じデザインである。バラキューダは、元々スウェーデン製であったのを国産化した物で三色の迷彩なのに対し、携帯偽装網は新迷彩のパターンを使用している。

偽装効果は良好のようであるが、一見するとギリー・スーツと比較して動きづらそうに見える。狙撃手は、ストーキングと称する匍匐のような動作をするため、穴の部分に何かが引っ掛かったりしては行動の阻害となるばかりか、破損の原因ともなりそうだ。ここは一つ、ぜひとも改善していただきたいものである。

ともあれ、陸自が本格的な狙撃銃と狙撃手を有することは大きな前進である。今後、続々とゴルゴ13のような狙撃手が誕生することを願ってやまない。

55 空の神兵、空挺隊員の被服と装具

「藍より蒼き大空に」の一節から始まる空の神兵は、現代の第一空挺団の隊員にも歌い継がれている有名な軍歌である。筆者が3曹になって間もなく、落下傘整備課程教育のため松

戸の需品学校に入校した。

この際、航空自衛隊の輸送機搭乗員であるロードマスターと、第一空挺団の落下傘整備中隊（現在の後方支援隊）の隊員と寝食を共にすることとなった。大部屋に十数名が押し込められたが、寝食ばかりか教育課程における座学や実習の一部も一緒に行なわれた。

そのため、よく皆で連れ立って夜の街へと繰り出したものだった。この夜間作戦でもっとも本領を発揮したのは、やはり空挺隊員。レンジャーき章は伊達ではなく、その飲みっぷりは豪快の一言に尽きる。そして、宴のシメはもちろんカラオケ、そして曲目は空の神兵だ。マイクを握る空挺隊員を中心に、皆で熱唱と相成るわけである。

筆者は、よく空挺のK3曹に行きつけのスナックへ連れて行ってもらったが、ここでもやはり十八番は空の神兵。店のママも心得たもので、「いつもの奴ね」の一言で曲が流れ始めるのであった。

さて、その現代の空の神兵たる空挺隊員の被服と装具はどのような物であろうか。第一空挺団の前身である第101空挺大隊は、臨時空挺練習隊を母体とした空挺教育隊の隷下部隊として、昭和三二年（一九五七）に習志野で編成された。習志野駐屯地はかつての旧陸軍騎兵学校所在の地としても有名である。

空挺降下に落下傘が必要なのは当然だが、この空挺用の落下傘は、主傘とそれが何かの不具合で開かなかった際に用いる予備傘から構成される。

当時は、米軍供与のT型シリーズ落下傘をはじめ、装着帯などの装具はすべて米国製であった。ところが、これらの装備は朝鮮戦争時に使用されていた旧式の物であった。落下傘は、その構造から傘体優先展張方式と称する傘本体が先に飛び出してから吊索が繰り出される物と、その逆の吊索体優先展張方式と称する物に大別される。自衛隊の空挺部隊黎明期の米国製落下傘は、前者の方式であった。

通常、落下傘の開傘衝撃は約5Gといわれる。つまり落下傘が開いたときに、自身の体重の五倍の衝撃を伴うわけだ。傘体優先展張方式は開傘衝撃が強いだけでなく、傘本体が開いた際に、風圧など何らかの拍子に傘本体がひょうたん型になることがある。これは降下速度が速くなったり、最悪の場合、傘布が摩擦熱で破けたりする可能性があり危険である。

このため、国産の落下傘開発にあたっては、米軍の落下傘を参考にしながらも安全性を重視し、吊索体優先展張方式を採用した主傘が開発された。予備傘は、構造簡単かつ小型軽量である必要から傘体優先展張方式ではあったが、このどちらも国産化されたのは、一九六〇年以降となってからのことである。

空挺傘の主傘は、空挺降下の映像を御覧になったことがある方にはお馴染みの、スタティックラインによる自動開傘だが、予備傘は手動索を引くことで開傘するようになっている。空挺傘は藤倉航装製の国産品が長らく用いられてきたが、数年前に操縦性に優れたフランス製の696MI型が導入されている。平成二八年（二〇一六）現在では、さらに新型の13式空挺傘が装備されつつある。この13式になって、また藤倉航装製の国産に戻ったわけだ。

空挺降下に使用する落下傘には、他にMC-4型自由降下傘がある。これは、主力の降下に先行して降下誘導小隊が偵察降下などの際に使用する物だ。通称FF（フリーフォールの略）と称する自由降下隊員が、高高度自由降下低高度開傘（HALO＝High Altitude low opening）を実施する際には必須となる。

この方式は、スカイダイビングよろしく低高度まで自由落下し、その後は落下傘により降下するというものだ。こうすれば敵にも発見されにくい上に、目標地点への着地もより正確なものとなる。

このFF隊員の装備には、予備傘はもちろん、さらに自由降下帽と称する皮張りのヘルメットおよびゴーグル、酸素マスクおよび酸素ボンベ、降下中でも高度が判るように高度計も装備している。

これに対し、一般的な空挺隊員の降下装備はどのような物だろうか。一般用とは顎紐の異なる88式鉄帽を被った上、これまた空挺用の戦闘服を着用する。その胸ポケットや袖はドットボタンで止めるようになっており、割とタイトなデザインである。これに主傘と予備傘、弾薬や糧食の詰まった戦闘背のうに、銃袋に収めた折り畳み床尾仕様の89式小銃と、平均的な重量は約六〇キログラムにも達する。これは自身の体重にも等しい。これで水上降下や雪上降下までするのだから、並の人間には空挺は勤まらない。

また、体力があるだけでもダメだ。落下傘は風の影響を受けるため、いわゆる偏流計算が必要になってくる。「本日の風速は毎秒何メートルだから、降下率を考えれば何メートル流されるだろうか」といったことを計算するのである。これは物料空中投下の際だけでなく、人間が降下する際においても必要である。だから、オツムもよくなきゃいかんのだ。彼らが空の神兵と称されるのも、伊達ではないのである。

56　暑くてたまらん！防暑服の話

筆者は、暑いのがキライである。雪国に生まれ育ったこともあってか、自慢ではないが、寒さには強いが暑さにはからきし弱い。夏場の体力練成や体育訓練の駆け足において、携帯無線機のように背負える小型軽量の個人用エアコンがあったらいいな、と常に思っていたくらいである。

そのような筆者にとって、イラクやインド洋で黙々と任務を遂行する隊員の方々の労苦は想像を絶するものがある。何しろ、インド洋に展開している護衛艦や補給艦の甲板が熱せられ、靴の裏のゴムが溶けるほどの暑さだというし、イラクのサマワでも車輛のボディーなどの外板には素手では触れぬ暑さであるという。関東の夏の暑さにすら閉口している筆者には、イラクやインド洋はもとより沖縄の暑さですら耐えられないだろう。

温暖な気候のわが国とはいっても、その国土は南北に長く、北海道と沖縄ではひと夏の平均気温も異なる。北海道は真夏日が数えるほどの日数しかないが、沖縄は夏季ともなれば毎日が真夏日である。

一九七二年の返還により沖縄は本土に復帰したが、それに伴い沖縄防衛に任ずる第一混成団が新編された。それまでいくら夏が暑いとはいっても、内地の部隊では通常の夏制服と作業服で充分であったのだが、流石に沖縄の環境では暑かろうというので防暑服が制定された。

この防暑服、カンボジアPKOの際にも隊員が着用していたので、報道などでその姿を御存知の方もいるだろう。OD色の半袖開襟の上衣にズボンというスタイルで、いずれも薄手の生地でできており、いかにも涼しそうだ。ポケットのボタンが露出している点は好ましくないが、これにジャングルハットというかブッシュハットというべきかの防暑帽を被れば、気分はもうトロピカルである。

そして、自衛隊のイラク派遣に際しては、迷彩2型がプリントされた「防暑服4型」が登場した。基本的なデザインは、「戦闘服、迷彩2型」を踏襲しているが、生地が薄手で背中部分にメッシュが用いられていて、通気性が向上している。しかし、その後に迷彩2型の色調を砂漠に合わせた「砂漠迷彩戦闘服」が出現してからは、せいぜい沖縄など、気候的に夏場が暑い離島で用いられるくらいだろうか。

これに対して従来の作業服は、基本的には四季を通じて着用するオールシーズン・タイプの被服である。規則上、酷暑時などにおいて部隊などの長が認めたときに、統制して腕まくりをするか、上衣を脱ぐ（脱衣許可という）か、あるいは作業服上衣に代えて夏服第3種を着用することができるわけだ。

ところが、作業服の項でも述べたように、夏服第3種はベージュ色で汚れの目立つ色なので、整備作業などには不向きだ。近年、地球規模での温暖化が深刻な問題となっているし、人口稠密な都市部では、ヒートアイランド現象により夏の暑さも昔とは比較にならなくなってきている。砂漠や熱帯地域で活動する諸外国軍では、コンバット・シャツという胴体部分だけTシャツ素材になっている薄手の戦闘服を着用するのが流行している。もともと暑い国の軍隊ならともかく、温帯に属している欧米各国や日本の自衛隊にとって、真夏の防弾チョッキ着用は地獄に等しい環境だろう。筆者も即応予備自衛官の訓練で、真夏に防弾チョッキを着用しようものなら、訓練前からすでに汗だくだ。これで戦闘訓練をすると、ヒート・ストレスで倒れそうになってしまう。

そこで、自衛隊でもコンバット・シャツが官品として採用されそうな気配があり、後述する「先進装具システム」のセット内容品には、「冷却衣類」という名称でコンバット・シャツとパンツが用意されているほどだ。このように、内地の隊員が着用する夏用戦闘服として、コンバット・シャツとパンツを制定してもよかろうにと筆者は思う。それが予算など諸事情で不可能というのであれば、そして沖縄などで勤務する隊員用に防暑服が存在するのなら、せめて内地の隊員が着用する夏用作業服を制定してもよいのではないか。現在では、陸海空ともすっかり迷彩の被服になってしまったが、旧軍時代に存在した濃緑色の防暑衣袴のようなデザインなら、渋くて実によいと思う。

57 女性自衛官用被服の変遷

本項では、主として陸上自衛隊を中心に、女性自衛官被服の変遷について紹介をする。女性自衛官が初めて採用されたのは昭和二七年（一九五二）。公募による保安隊時代のナースが最初であった。

彼女らが着用したのは同年一一月に制定された冬服で、色は緑褐色。折襟三つボタン肩章付きの物で、材質はウールとスフ（ステーブル・ファイバー）の混紡である。舟型略帽に、制服の左肩には保安隊を表す「鳩のマーク」というスタイルであった。

当時採用されたナースは平均年令が二七、八歳で標準体型より肥満ぎみの者が多かったそうで、当時の担当者はサイズ決定に苦労したようだ。そのためか、実測結果を元にウエストやヒップサイズの見直しを図るなど、早くも翌年には仕様の変更が実施されている。さらに同時期には婦人作業服も制定されている。この作業服は、米軍の婦人兵用戦闘服に酷似したデザインで、ズボンの正面大腿部にポケットが付いているのが外観上の特徴であった。昭和四五年（一九七〇）に現在の女子用作業服が制定されるまで使用されている。

そして昭和二九年（一九五四）、保安隊が陸上自衛隊となるに及んで女子の制服にもズボンが追加された。次いで制定された58式制服は、男子隊員同様、米軍供与原反を染色した生地を使用した。その色も、当時の国鉄職員の制服に酷似した紺灰色であったが、流石に男子隊員の様に石を投げ付けられることはなかったようだ。

この制服は、上衣は男子の物より丸みを持たせた剣襟に、銀ボタンのダブル掛け、片胸ポケットに袖口ボタン一個付きというデザイン。スカートは後面箱ひだ付きのタイトスカートで、サイズは上下共に二七種類であったという。その後、供与原反の在庫減少に伴い、二度に渡る材質変更を実施したものの、新たに制定された70式に制服としての役割を譲ることとなった。

昭和四五年、陸上自衛隊においてナース以外の婦人自衛官(WAC＝Womans Amy Corps)が採用されることとなり、女子隊員も増加した。新たな制服の70式は、不評であった58式の紺灰色とはうって変わって「茶灰色」となった。カルゼ織り六つボタン付きダブル型のベンツ付きで、左右両胸ポケット付き袖口二個ボタン仕様の上衣であった。スカートはひだなしのセミタイトとなったのだが、このスカートの仕様を定めるにおいて問題となったのが丈の長さであったという。

何しろ、丈が短すぎては男子隊員を刺激しかねないし、かといって長すぎては、動きづらく実用的ではない。斯くして服制審議会は、スカートの丈の長さをどの位とするかの検討にかなり時間を要したようだ。

また、同時期には女子の作業服が70式として制定された。従来の婦人作業ズボン大腿部正面のポケットを廃し、隠しポケット横ファスナーのデザインで、その後名称が「作業服、陸、女子」と変更されて現在に至っている。

ところでこの70式制服、同時制定された正帽がかなり不評であった。中国の人民帽をそのまま正帽にしたようなデザインで、女子の正帽としては余りにもダサかった。現場の声を反映してか、ごく短期間でトリコロールハット型の物が制定され、いつの間にか消えてしまった。今ではかなり稀少なアイテムだろう。

次いで、71式夏服第一種および第二種、そして第三種が制定される。この内、夏服第一種および第二種はアイボリーホワイトを基調とした実に涼し気な制服で、女子隊員のみならず男子隊員からも好評であったという。デザインもなかなかのものであった。夏服第一種は冬服の生地を薄手にしてダブル型からシングル型にしたようなものだが、夏服第二種は開襟半袖、バンド(自衛隊ではベルトをこう呼ぶ)付きのワンピース型で、現行の制服には見られないデザインである。

この後、陸自に少々遅れて、空自と海自も婦人自衛官制度をスタートさせた。陸のWAC（ワック）に対し、空はWAF（ワッフ）、海はWAVE（ウエーブ）と呼称する。ちなみに米海軍ではすでにS（ウエーブス）と称するのだが、これでは語感が悪いと「S」を外したという。そりゃそうだろう。「うぇー、ブス」では彼女らに失礼というものだ。

そのすでにの冬服は、金ボタンで黒のダブル型上衣に同色

自衛隊記念日観閲式で行進する陸上自衛隊の女性自衛官（WAC）（Photo：陸上自衛隊）

のセミタイトスカートで、実にシックである。米海軍を範とした正帽の形状も、陸や空とは異なる独特のものだ。陸海空の女子制服で一番人気であるのも頷けるほどのデザインのよさである。この当時の空自と海自にも、陸自のようなワンピース型の夏服が存在した。空自の物は鮮やかなスカイブルーで、海自の物は夏の海に映える純白である。現在ではそれぞれ改正されて、ワンピース型の夏服はなくなってしまったのが残念である。

そして平成三年（一九九一）、陸自は久々に制服を改正し

自衛隊記念日観閲式で行進する海上自衛隊の女性自衛官（WAVE）（Photo：陸上自衛隊）

自衛隊記念日観閲式で行進する航空自衛隊の女性自衛官（ＷＡＦ）（Photo：陸上自衛隊）

現行の91式制服の登場となる。色は茶灰色から緑褐色、ダブル型からシングル型となり、生地もウール混紡のサージ織りとなった。また、同じ生地のズボンも用意された。制服の色彩変更に伴い、ショルダーバッグの色も茶色から黒色となりデザインも変更された。観閲式でお馴染みのあのバッグである。

個人的には、ダブル型の方がデザイン的に見栄えがすると思っているだけに、このデザイン変更は残念である。また、生地がサージであるためテカリが生じやすく、着用する女子隊員からは「肘やスカートのオシリがテカって恥ずかしい」との声も聞く。見かけは米軍女性兵士のようで格好のよい制服だが、デザインも材質面も、もう少し工夫してほしかったと筆者は思う。

このように、陸自の女子制服は夏服も冬服も、色や形の変化がかなり激しいのに対して、空自と海自の場合は夏服を別にすれば、基本的に大きなデザイン変更はない。空自と海自は、色は変えようがないだろうから当然だろう。やはり、制服は一見して陸海空を区別できる色が望ましいのであって、かつてのカナダ統合軍のように制服の色まで統一してしまっては、陸だか海だか分からない。やはり、陸海空それぞれの特徴を生かした色彩やデザインというのが、制服の望ましい姿ではないだろうか。

58 世界一キュートな？ 女子用作業服

現在でこそ航空自衛隊にも迷彩服が存在するが、かつては陸上自衛隊にすら迷彩服が存在しなかった。当然ながら、日常の軽作業であろうが野外での戦闘訓練であろうが、作業服を着用して行なうしかなかった。婦人自衛官制度がスタートした昭和四五年（一九七〇）当時は迷彩服が制定されたばかりであり、女子用の迷彩服も存在しなかった。当初は婦人自衛官の職域も限定されていたから、女子用作業服での軽作業程度では不都合なこともなかった。ただ、女子隊員といえども教育隊では戦闘訓練もするのだが、一時的なことでもあるため問題とはならなかったよう。

ところが、徐々に女子隊員の人数が増えて活躍の機会が多くなるに従い、女子用作業服の改善を望む声が多くなってきた。男子隊員の被服がルーズフィットであるのと異なり、女子用作業服は女性の体型に適合させるためにフィット性を重視したデザインがなされている。

生地は、男子用の作業服同様ビニロンと綿の混紡である。そのデザインは独特で、ベトナム戦時から使用されてきた米陸軍の女性用ＯＤ戦闘服「ウーマンズ・ユティリティ」に似ている。ボタンが露出した二つのポケットが付いた前ファスナー式の上衣に、サイドファスナー式のズボンで、上下ともタイトな造りとなっている。

そのため、戦闘訓練の際には、着用する本人にはかなり不快であったらしい。彼女らがいうには、「上着の袖部分がテーパードになっていないので、暑くても腕まくりができない」といったことから「ズボンの股上寸法不足で、オシリの縫目が食い込んで不快」だとか「ズボンのゆとり不足で、しゃがむと膝や太腿が張り付いて不快」といったような具合である。また、上衣の胸ポケットのボタンが露出していて取れやすい点や、屈んだ際にボディラインや下着のラインがくっきりと浮かんでしまうのが恥ずかしいという女子隊員もいた。

彼女らの声を反映してか、平成一〇年（一九九八）ごろにこれらの点を改善した女子用作業服が登場した。この改良型は従来の物より余裕を持たせたため、着用感も向上し女子隊員には概ね好評のようだ。元々、この女子用作業服は日常の業務や軽作業向きということもあって、生地も男子用の作業服より薄手のよう。したがって、戦闘訓練のハードな動きを要求される場合のために、彼女らには、男子用の作業服も貸与されている。もっとも男子用であるから当然だが、女性の体に合わせて設計されているわけではないから、多少サイズが大きかろうと小さかろうと、サイズが適合しないのはやむを得ないといったところか。

では、これに対して海自と空自の女子用作業服はどうであろうか。まず海自の場合、上衣は片側のみの胸ポケットで青色、ズボンがサイドファスナー式で濃紺という外観が目に付く。なぜ上下で色が異なるかは不明である。陸自の物ほどではないが割とタイトな造りのようだ。生地がポリエステルと綿の混紡ということもあり、流石に夏には膝や太腿の張り付きが不快なのだそうだ。ただ、非常にトロトロなくらい柔軟な生地であるため、夏場以外の着用感は良好らしい。

それよりも、ポリエステル生地のため、静電気が発生しやすいことの方が不快だとか。また、元々光沢のある生地のため、着用により上衣の肘、ズボンの膝やオシリにテカリが生じ、「アイロン掛けによりさらにテカテカ光って恥ずかしい」という。そのためか、現在では材質とデザインを見直した新型の作業服に変更されている。

この現行の作業服が好評かといえば、どうやらそうでもないらしい。生地が薄く磨耗しやすい上に、退色して見栄えがよくないというのだ。陸海空で一番のお洒落サンを自認するWAVE（女性の海上自衛官）だけに、品位を保つのも一苦労のようである。

ならば、空自の女子用作業服はどうか。色は男子と同様の明灰色だが、上衣のポケットの形状が異なる。ズボンはサイドファスナーではなく、前に隠しファスナーがある。男子の作業服ほどダブダブではないとはいえ、陸自や海自の女子用作業服よりも余裕のある造りのようだ。フィット性を損ねることなくゆとりを持たせているため、過度な食い込みや張り付きが生じることもないと、着用感に関しては概ね好評のようだ。

この作業服は特に不具合な点はなかったようが、近年、男子の作業服や航空服の改正に合わせてグリーンの物に変更された。現在の作業服は男女で同一デザインとなり、サイズの細分化をすることにより男女両方の体型に対応を図っている。それでも充分ではないようで、当の彼女らには「サイズが合わない」という声もあるようだ。

59　意外やセクシー！　官品スリップ

自衛隊の入隊案内のパンフレットを見ると、「被服は無料で支給または貸与されます」という一文を目にする。そこには、正帽、制服、作業服などと記載されていているが、実は下着も支給または貸与される。これは諸外国軍でも同様で、男性兵士を例とすれば、米軍ではOD色のTシャツとトランクスが、台湾海軍なら白の軍用内衣（Tシャツ）と三角褌（ブリーフ）が支給される。

ところが、自衛隊で支給されるのはトランクスでもブリーフでもない、ステテコのようなものである。新迷彩のトランクスか何かだったらともかく、いくら何でも今どきの若い隊員がそれを着用するはずがない。他には長袖のU首シャツや股引状のズボン下も存在するが、下着としてはあまりにオヤジ臭くダサいといえる。さすがに現在では、OD色の「戦闘下衣」という名称のTシャツを経て、迷彩2型のTシャツが支給（正確には貸与であり、退職時には返納しなくてはならないが）されている。

これは、女性自衛官の官品下着も同様である。元WAFの池田孝子氏も、その著書『花のWAFよもやま物語』（光人社刊）で、官品の三分ズロースは冬の重ね着としては重宝するが、現代娘は誰もこんなのは着用しないと記述しているくらいだ。官品のパンストであれば、市販の物と外観はそう変わらない。しかし三分丈のズロースなど、今どきの若々しいお婆ちゃんですら穿いていないのではないか。それが戦前じゃあるまいし、ショーツではなくズロースとは。ズロースといっても最近の女のコには、ピンとこないのではなかろうか？

それに対して、同じ官品でもスリップは市販の物に遜色ないデザインで、意外とセクシーである。色はアイボリーで、レースの縁取りがいかにも女性用らしい。これならば、新隊員でなくともさほど抵抗なく着用できるだろう。

60 もう婦人と呼ばないのに「妊婦服」？

自衛隊で女性隊員を採用したのは以外と古い。自衛隊の前身である保安隊時代に看護業務に従事するナースを採用したのが最初である。

現在でこそ、女性自衛官は陸海空合わせて約一万人以上にのぼるが、当時はわずかな人数でしかなかった。しかも、職場の華としてちやほやされながらも、その処遇は彼女らにとって満足するものではなかったようだ。筆者には新隊員後期教育で同期のWACのコが三人いたのだが、お茶汲みはもちろん、部隊の先輩に日常茶飯事のようにオシリを触られていたくらいだ。

自衛隊は職場結婚の比率が高いといわれるが、かつての女性自衛官は結婚と同時に退職せざるを得ないことが多かった。いわゆるできちゃった結婚の場合だ。なにしろ、「産休」が存在しないので休暇の取得も大変な上に、妊娠後には、制服も作業服もサイズが合わなくなり着用できないからだ。女子事務官ならば市販のマタニティ服が着用できるが、昔は妊娠した女性自衛官用の被服は存在しなかった。ママさん自衛官が珍しくもない今日では、信じられない話である。

平成の世になって、ようやく陸海空それぞれに妊婦服という一種の制服が制定された。この妊婦服、制服と同色同素材のワンピース型である。背部にファスナーがあるゆったりとした造りの服で、市販のマタニティ用ワンピースと比較しても違和感がない。外観上、市販のマタニティ服との相違点は、「肩章が付いていて、そこに乙階級章を差し込むようになっている点くらいである。

しかし、昨年、婦人自衛官という呼称を女性自衛官と改めたはずではなかったのか?もう婦人とは呼ばないのに「妊婦服」という名称はヘンじゃなかろうか。今風に「マタニティ服一型」と称してみては如何かと思うのだが。

ともかく、昨今の自衛隊においても女性の進出には目覚ましいものがあり、母性保護の観点から直接戦闘に関わる職域以外はすべて開放されている。そして、今まで蔑ろにされてきた女性自衛官の処遇についても、駐屯地（基地）託児所の設置など、さらなる改善を図ってもらいたいものである。

61　捧《ささ》げー銃《つつ》！　儀じょう隊員の被服と装具

防衛省の所在する市ヶ谷駐屯地に、第３０２保安中隊という部隊が存在する。マニア諸氏には「特別儀じょう隊」としてお馴染みであろう。また、外国の国家元首などの来日を報じるＴＶの映像などで、御存じの読者諸氏も多いことだろう。

儀じょう隊員の制服は、冬が濃緑色で夏が白色の上下となっており、正帽も同色である。前者は現行の91式制服の色とほぼ同様で、後者は白色とはいってもまったくの純白ではない。わずかにアイボリーというかクリーム色がかった白である。

そして、上衣の袖には平織りの金線が入り、ズボンにも平織り金線の側線が入っている。さらには、陸士の階級章も金モールで縁取られている。

他に儀じょう隊には儀礼刀、刀帯、飾緒などが用意されており、儀礼刀の刀身は、青銅を銀メッキした物である。また、儀じょう隊の使用するM-1小銃の銃剣も、儀礼刀と同様、各部に金色の装飾がなされている。

いうまでもなく、儀じょう隊はわが国に来日する諸外国のＶＩＰを送迎するのが任務である。いわば日本の顔でもあるから容姿端麗にして品行方正、かつ服装態度は超厳正でなければならない。すべての自衛官には、規則で品位を保つことが義務づけられているが、その点で、彼らは全自衛官の模範でもあるのだ。空挺隊員同様、彼らも並の自衛官では勤まらないのである。

62 音楽隊員の被服と装具

四季の変化に富んだ我が国において、秋ほど余暇を楽しく過ごせる季節はないだろう。昔から読書の秋、スポーツの秋、食欲の秋というように、その余暇の過ごし方も十人十色である。

紅葉の秋は行楽シーズンとはいっても、近年はレジャーの形態も多様化しつつある。家族で出かけるにしても、安くて近くて楽しい所ならどこでもよいという人もいる。秋だからといって、必ずしも地方の温泉に旅行することもないようだ。

そして秋といえば、各種の祭やイベントが多く催される。自衛隊にとって、秋は訓練最盛期でもあり各種行事の集中する季節でもある。何といっても自衛隊の創立記念日に実施される観閲式は、年間を通じて最大のイベントである。現在でこそ、陸海空の持ち回りとして順番に開催されているが、かつては毎年の開催であった。

毎年の開催という点では、自衛隊のイベントとしては規模といい知名度といい、自衛隊音楽まつりが最大のイベントであろう。

この音楽まつり、第一回開催は昭和四〇年（一九六五）のことで、当時は武道館ではなく千駄ヶ谷の東京体育館で開催されていた。武道館で開催されるようになったのは、昭和四十八年（一九七三）からである。よほどのビッグ・アーティストでもなければ、全国ツアーでも武道館でライブをすることはなかなかないといわれる。これに対して、自衛隊の音楽まつりでは、音楽隊員でなくとも武道館のステージに立つチャンスがある。例えステージに立てずとも、作業などの支援要員であればタダで入場できるのだ。

また、音楽まつりは毎年同じような内容に見えるが、実はそうでもない。最近は、韓国との文化交流を反映してか、米軍のみならず韓国軍の軍楽隊をも招いて彩りを添えている。さらに延べ入場者数は約一〇〇万人を突破し、毎年恒例の自衛隊イベントとしてすっかり定着した感がある。

さて、本項では、その音楽まつりの主役たる音楽隊員の被服などを紹介する。まず、被服であるが、音楽隊の服装は特別儀じょう演奏服装と、通常演奏服装に大別される。前項で紹介したように、わが国に来日する諸外国のVIPを送迎するのは儀じょう隊の任務であるが、その際の演奏は陸上自衛隊の中央音楽隊が担当する。もちろん、前者の服装で演奏に臨むわけである。

特別儀じょう演奏服装は儀じょう隊の服装に準じていて、

自衛隊音楽まつりでオープニングの演奏する音楽隊（Photo：陸上自衛隊）

その上衣およびズボンは冬用も夏用もほぼ同一である。そして、通常時には着用することのない第２種飾緒を着用する。この飾緒は儀礼用の物と異なり、ペン先の部分が金色の布製房となっている。

これに対して通常演奏服装は、冬服は濃緑色で夏服が淡緑色となっている。これに白革製の模様のない金色バックルのベルトを締める。以前の冬服は、なぜかズボンだけ鮮やかな赤色であったが、違和感があるためか上下とも現在の濃緑色となった。

また、冬服および夏服の両肩および背中には、月桂樹と獅子の金刺繍が施されている。右肩には金色でたて琴を刺繍した飾章を付け、両襟にはたて琴を模した金色の金属製金具が配されている。これは音楽科の職種き章に似ているが、まったく別物である。

打楽器を演奏する隊員は、白の革製で丈の長い打楽器用手袋を使用する。なお、演奏に使用する楽器や指揮棒、メジャーバトンなどは一般市販品であり、特別な物ではない。

音楽隊の隊員は、演奏が任務であり小銃など無縁と思われる方もいるだろう。しかし、音楽科隊員といえども自衛官である。当然ながら実弾射撃訓練も実施しており、このときばかりは指揮棒やメジャーバトン、楽器に代えて銃を手にして戦士の顔となるのである。

63 陸・海・空の航空被服と装具

「あれ?あなた、海上自衛隊もヒコーキ持っているの? 知らなかったワ」。筆者が空自松島基地での航空祭に訪れたときのこと。ヒコーキマニアと思しき御主人に連れられて、初めて自衛隊基地の営門をくぐったという風情の御婦人の台詞である。

一般的に、まったく軍事に対しての関心も知識もない人は、すべての自衛隊機を航空自衛隊が運用していると思っているに相違ない。しかし、実際には陸海空がそれぞれの用兵思想の下、航空部隊を保有しているのは賢明な読者諸氏にはいうまでもないだろう。

用兵思想が異なるということは任務も異なるということで、その保有する装備体系もおのずと異なるものとなる。したがって、同じ航空部隊であっても陸海空それぞれの飛行服もデザインが異なれば、航空ヘルメットの形状も異なるのは当然といえる。

まず、航空自衛隊のパイロットを例とすれば、発足当初の被服および装具は米国製であった。現在は、航空ヘルメットがFHG-2、酸素マスクはMO-15、JPCU-15/P型ハーネスおよびLPU-H1型救命胴衣、JG-5A耐Gスーツと、そのほとんどが米国製を元に国産化した物となっている。従来は、航空服を始めとするすべての装備がオレンジ色であった。これは、平時において不時着した際には目立ってよいが、有事には目立たぬ方がよいとのことから、現在はアラミド繊維でグリーン色の物に変更された。

これは海上自衛隊も同様で、グリーンの航空服にLPU-N1型救命胴衣、航空ヘルメットFHG-3II型というスタイルである。陸上自衛隊のパイロットは野外の展開地でも活動するため、彼らの着用する航空服は偽装性も配慮されている。難燃素材であるアラミド繊維に新迷彩がプリントされた被服である。空自や海自の航空服はつなぎ型であるが、陸自の物はセパレーツ型の上下となっている。

ヘルメットはFHG-1が長らく使用されてきたが、最近では改良型が普及しつつある。なお、対戦車ヘリコプターAH-1Sのパイロットは、「航空ヘルメット、AH用」と称する専用のヘルメットを使用する。パイロットの首の向きに連動して20mmガンも追随するという、お馴染みのヤツである。

また、陸自の保有する航空機は、少数の連絡偵察機を除けば回転翼機、つまりヘリコプターである。そのためほとんどのパイロットは酸素マスクと無縁である。また、洋上飛行も滅多にしないため、救命胴衣を着用する機会もまずない。

回転翼機は、戦闘機のように非常脱出用のイジェクション・シートが装備されていない。しかし、緊急時にはオート・ローテーションにより軟着陸が可能なため、航空傘と称する落下傘もまず使用する機会はないのである。

64 陸・海・空の航空ヘルメット

航空機のパイロットといえば、ヘルメットを着用したそのスタイルは今でこそお馴染みであるが、かつてそのヘルメットは樹脂製ではなく、飛行帽と呼ばれる革製の物が主流であった。

ところが、亜音速のレシプロ機から超音速のジェット機の時代となって、航空用ヘルメットにも多様な要求性能が求められるようになってきた。頭部の保護はもとより、強烈なG、つまり加速度への対応をはじめ、およそ考えられるパイロットの生理的保護全般についての性能を要求されるようになってきたわけだ。

わが国ではJP-3という名称で、米国製のP-3航空ヘルメットを長らくライセンス国産してきたのだが、帽体（シェル）の形状を日本人の頭部の形に合致するようにした以外、デザイン上はまったくのコピーにすぎなかったといってよい。これは、後継モデルのJP-4航空ヘルメットでも同様であり、新たに1形、2形といった国産の航空ヘルメットが登場したとはいえ、これらの航空ヘルメットは酸素マスクを装着すれば、その重量は約三キログラムともなり、パイロットの要求とはかけ離れた性能の物でしかなかった。その状況は、一九八〇年代に入るまでほとんど変化することはなかった。

そして、わが国独自の純国産航空ヘルメットが誕生する契機となったのが、現在の主力戦闘機であるF-15イーグルの導入である。F-15戦闘機は、P《プラット》&《アンド》W《ホイットニー》製の強力なF-100ターボファン・エンジンによって、従来の戦闘機には不可能なほどの高G機動が可能となった。このため、従来の重い航空ヘルメットではパイロットの頭部に掛かるGもかなりのものとなる。つまり、酸素マスクを含めて約3キログラムの重量がある従来の航空ヘルメットを着用して6G旋回をした場合、パイロットの頭部には18キログラムもの荷重が掛かっていることになるのである。

折しもこの時期、実にタイミングのよいことに、ショウエイのブランドでお馴染みのヘルメット製造メーカーである昭栄化工が、純国産の新型航空ヘルメットの提案を防衛庁に打診してきた。しかしその検討中に、F-15戦闘機の導入に間に合わないことから、止むなく米国ジェンテックス社製の

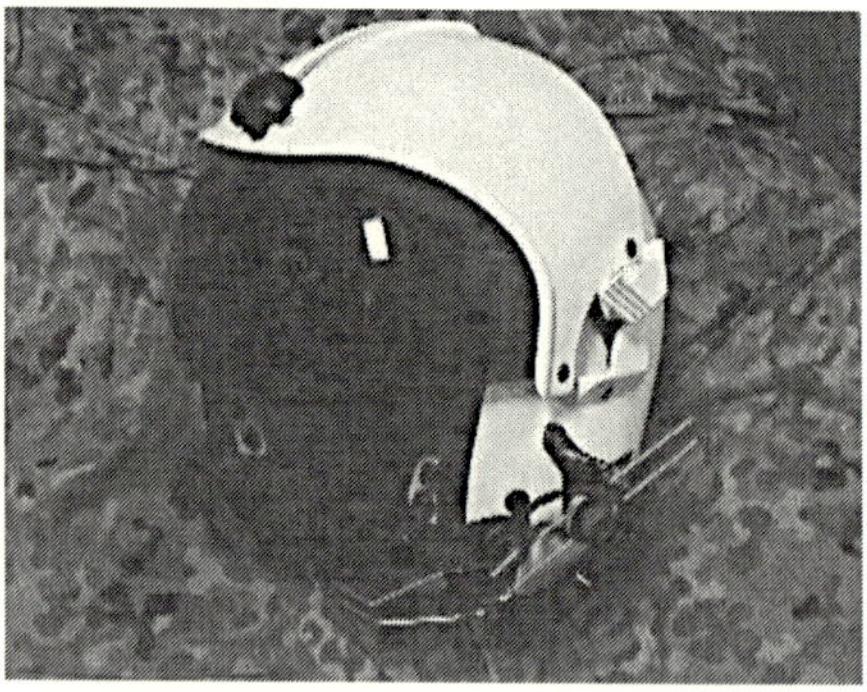

米国製のＨＧＵ-34／Ｐをもとに昭栄化工が開発した「航空ヘルメットＦＨＧ-1」

航空ヘルメット、ＨＧＵ-34／Ｐ約１００個を急遽調達することとなった。

この米国製のＨＧＵ-34／Ｐは、昭栄化工が純国産ヘルメットを開発する際の手本とはなったが、単純にコピーしたわけではなかった。昭栄化工の開発した航空ヘルメットは、外観こそＨＧＵ-34／Ｐに似ているがまったくのオリジナル品だ。そして、実際に航空自衛隊のパイロットに着用して貰い実用試験を重ね、「航空ヘルメットＦＨＧ-1」として制式化された。

この新型航空ヘルメットのでき映えに、陸自や海自も横目で漫然としているわけもなく、それぞれ従来の航空ヘルメットの更新用として採用した。こうしてＦＨＧ-1は、陸海空三幕共通の航空ヘルメットとして装備されることとなったのだ。

さて、このＦＨＧ-1が部隊に交付され出して暫くすると、現場からは早くも改良を望む声が挙がり出した。パイロットらの要望を集約すると、それは以下の二点であった。まず、さらなる軽量化を、というのが一つ。そしてもう一つが遮音性の向上を、というものであった。

ＦＨＧ-1は、重量面においては従来の航空ヘルメットの約半分と軽量化されており、酸素マスクと併せて約一・五キログラムであった。しかし、この当時の米軍主力ヘルメットであるＨＧＵ-55／Ｐは、酸素マスク込みの重量が一キログラムを切るほどであり、軽量さにおいてＦＨＧ-1のそれを遥かに凌駕していた。

その秘密はバイザー・ハウジングを廃し、バイザーは単にラバー・バンドで支持するだけという徹底的に簡略化した構造にあった。ここまで極端なのもどうかと思うが、実際両者を被って比較してみるとＨＧＵ-55／Ｐの軽さが実感できる。当時、交換留学生として米空軍で隊付訓練に参加した空自のパイロットらの中には、現地で使用したＨＧＵ-55／Ｐを、帰国後も私物として使用することが多かった。

いわゆる米留組の彼らにとって、ＨＧＵ-55／Ｐは軽量さが魅力のヘルメットであったが、他の多くのパイロットの眼には、バイザーが剥き出しのＨＧＵ-55／Ｐは魅力的には写らなかった。つまり、バイザー保護のためのハウジングを残したままでの軽量化を要望したのである。

この現場の声に、昭栄化工の開発スタッフは新素材の採用で応えた。従来のグラス・ファイバーではなく、ケブラーを使用したのだ。これにより、帽体（シェル）を薄くすることが可能となった。もちろん、それでいて強度も維持しつつ軽量化を達成したわけであるから、ＨＧＵ-55／Ｐに負けずとも劣らずの感がある。

一方、遮音性の向上も厄介な問題であった。ＦＨＧ-1の内装は比較的シンプルであり、発泡ポリエステル樹脂製のライナーに、頭頂部とその前後の三箇所に位置するパッドとイヤーカップから構成されている。三箇所にあるパッドは、発泡ポリウレタン樹脂を合成皮革で包んだ物で、使用者の頭部にフィットさせるため二種類の厚さのパッドが用意されていた。

そして、通話用レシーバーを内蔵したイヤーカップの間隙調整用のスペーサーも用意されていたが、これでも完全なフィット性は得られなかった。そのため、わずかな隙間から侵入して来る騒音の遮断が課題であった。そこで、ヘルメットの側頭部内側に発泡ポリウレタン樹脂を充填するとともに、イヤーカップも同様の素材に変更した。さらにそのイヤーカップは耳に接する部分の面積を大きくし、フィット性を高めた。同時に、三箇所にあるパッドを廃してライナーの形状も変更し、頭部全体を包み込むようにした。これにより、遮音性ばかりかフィット性および快適性も向上することとなり、航空自衛隊ではこの改良型を「航空ヘルメットＦＨＧ-2」として新たに制定したのである。そして、さらに改良された物がＦＨＧ-2改として登場し、多くのパイロットから好評を博し現在に至っている。

ところが、である。これで現場のパイロットの声が反映された航空ヘルメットに改良されて万々歳、というわけではなかった。航空自衛隊では、この改良型ヘルメットに満足であったのだが、海上自衛隊のパイロットは不満であったのだ。

海上自衛隊はＦＨＧ-1を採用後、それに若干の改良を施したＦＨＧ-3を使用していた。しかし、夜間のフライトで海霧など気象状態によっては、スモーク・バイザーでは良好な視界を得られない場合がある。そこで、現場の声を改良に反映させた結果、スモークとクリアーのダブル・バイザーを有するＦＨＧ-3Ⅱ型の登場となった。これにより、従来単にＦＨＧ-3と称されていた改良前のモデルと区別する場合は、ＦＨＧ-3Ⅰ型と称している。

さて、本項では忘れ去られた感のある陸上自衛隊だが、陸自の航空科部隊は固定翼機と回転翼機《ヘリコプター》合わせて約四五〇機を有する一大カスタマーである。それにも関わらず、ＦＨＧ-1を採用後ほとんど改良らしい改良をすることもなく現在に至っている、と思いきや、実はＦＨＧ-1の改良型が数年前に出現している。

ＦＨＧ-１改というのがそれである。陸自航空部隊の主力である回転翼機は、有視界飛行《ＶＦＲ》による夜間飛行《ナイトフライ》を前提としている。従来の夜間飛行では肉眼に頼るしかなかったが、近年はＮＶＧ（ナイトビジョン・ゴーグル）を装着してのフライトが一般化している。陸自が導入したＮＶＧは、米軍で使用しているＡＮ／ＶＩＳ-６を日本電気が国産化した物である。

従来のＦＨＧ-１では、ＮＶＧ自体の重量とヘリコプター特有の振動、それに加えてパイロットが首を動かしたりといった動作から生じるＧモーメントに対応できず、飛行中にヘルメットがズレるという不具合が出てきた。そのため、従来は顎の下に掛けていたストラップにカップを付け、このカップが顎部分にぴったりフィットするように改良した。

同時にイヤーカップの形状なども変更されたことによって、遮音性と着用感が向上した。重量も、従来より約二割の軽量化が図られた。一部のパイロットからは、海自のＦＨＧ-３Ⅱ型と同様にダブル・バイザー化を望む声があったというが、ＮＶＧマウント時のバイザー・ハウジングが強度上持たないのか、はたまた重量増加によりパイロットの生理的負担となるためか定かではないが、却下されたようである。とはいえ、ＦＨＧ-１改は基本的な形状こそ変化していないものの、中身はかなり変化を遂げたといえるだろう。

このように、ＦＨＧシリーズの航空ヘルメットは、諸外国の同種ヘルメットに肩を並べる優れたヘルメットであるのは疑問の余地もないだろう。陸自のＦＨＧ-１改、海自のＦＨＧ-３Ⅱ型、空自のＦＨＧ-２改とそれぞれの要求仕様に基づいた堅実な設計は、海上保安庁や警察の航空部隊で使用するＦＨＧ-５にも共通している。今後のＦＨＧシリーズの航空ヘルメットはどのように発展していくのか、目が離せないといえよう。

65 機甲科隊員の被服と装具

空挺部隊と並ぶ陸自の花形といえば、機甲科部隊である。機甲科部隊は戦車を装備し、その装甲防御力および路外機動力と搭載火力により衝撃力を発揮して、敵を撃破することに存在意義がある。

そして、攻撃ヘリコプターや対戦車火器の進歩した現代においても、戦車が陸戦の王者であることに変わりはない。

その戦車をかつての自衛隊は「特車」と称していた。米軍供与のＭ-４戦車が主力であった時代の話だ。そして特車が戦車と呼称されるようになったのは、戦後初の国産戦車である61式戦車が制定された昭和三六年（一九六一）のことである。ちなみに、これと同時にサイトはレーダー基地に、ＰＸは売店に呼称変更されたが、現在でもそれぞれが俗称として残っている。

さて、その戦車を有する機甲科部隊の被服と装具であるが、戦車を運用する特性上、いずれもかなり独特な物となっている。現在使用されている物は、頭のてっぺんからつま先に至るまで「戦闘装着セット、装甲用」としてシステム化されている。

まずヘルメット類だが、これは普通科部隊などでも使用している88式鉄帽と、戦車などを操縦する際に着用する戦車帽が存在する。旧型の戦車帽は樹脂製であったが、現在の物は88式同様に芳香族ポリアミド系繊維でできていて、頭部保護性が向上した。

さらに、従来は通信用の送受機（ヘッドセット）を戦車帽の上から装着していたものが、内蔵されるようになった。この戦車帽はＯＤ色に塗装されているが、新迷彩の覆いを装着すれば偽装効果がさらに向上する。ちなみにこの戦車帽は、現在の物は名称が装甲車帽と変更された。

そして被服であるが、迷彩Ⅱ型、いわゆる新迷彩の戦闘服、装甲用である。この戦闘服は、構造からいえば普通科部隊で使用している一般用よりも空挺用に近く、ズボンのポケットの配置などに共通性がある。ただ、空挺用の戦闘服は難燃ビニロンと綿の混紡だが、装甲用は、航空服にも使用されているポリアミドと難燃レーヨンの混紡となっており、難燃性が向上している。

また、戦闘服上衣の背面にはループ状の取っ手が縫い付けられている。これは、被弾した車輌から乗員を救助する際に使用するもので、一般用や空挺用の戦闘服には存在しない。

装具についてだが、89式小銃の弾入れは、一般部隊と異なり二〇発用の物が用いられる。これは、バナナ型の三〇連弾倉では車内でかさ張るため、89式小銃の弾倉も二〇連の物を使用するためだ。また、部隊自体が装甲化されているため戦闘防弾チョッキは装備されていない。戦闘背のうも、一般用や空挺用がリュックサックのように背負うタイプであるのに対し、装甲用は大型の手提げバッグのようなタイプとなっている。これは、徒歩行軍ではなく車輌機動が前提の機甲科部隊ならではといえる。

手袋は茶褐色の牛革製で、クロムなめし仕様である。外観上は従来の戦車手袋と変わりのない丈の長い物で、旧軍の物にも似ている。どうやら名称が「戦闘手袋、装甲用」と変更されただけのようで、材質などは変化がないようである。これは靴についても同様で、従来の戦車靴が「戦闘靴、装甲用」と呼称されるようになっただけのようだ。

66 警衛隊・警務隊員の被服と装具

たまに、軍事専門誌などで警衛隊と警務隊を混同している記述を見かけることがある。それは誤りで、正門に立哨するなどして駐屯地の警備に任ずるのが警衛隊、そして外国軍の憲兵隊に相当するのが警務隊である。どちらもその任務の特性上、警察の被服や装具に似た装備を有している。

海自や空自の場合、警衛勤務を専門とする陸警隊や基地警備隊が基地警備を担当する。その点、陸自の警衛隊は、定期的に割り当てられた特別勤務者で編成されているから、二等陸士として入隊した隊員であれば、誰でも警衛勤務で駐屯地警備を経験することとなる。

さて、それでは警衛隊の被服と装具は如何なる物であろうか。陸上自衛隊の場合を例として紹介をする。まず警衛隊の被服であるが、別に特別な被服が存在するわけではない。通常は、作業服（戦闘服）上下に弾帯・半長靴（戦闘靴）のスタイルで、これにヘルメット・ライナーを被る。

では、装具はどうか。まず、警衛勤務用の白いヘルメット・ライナーと弾帯が用意されており、上番後に自分が着用している物と交換する。他に個人が使用する装具としては、警棒および警棒吊り、警笛、懐中電灯、木銃などがある。警棒は、樫でできた木製の物と三段式特殊警棒の二種類が存在するが、主として使用するのは前者の方である。

この、自衛隊で未だに使用されている樫の木の警棒は、無色透明のラッカー仕上げで、「東京型」と俗称される警視庁が採用していた物と同型である。警察ではとっくの昔に使用されなくなった時代物で、今時稀少ではないだろうか。筆者は初めてこれを目にしたとき、自衛隊は何と物持ちがよいのだろうかと感心したくらいである。

とはいえ、空挺団の所在する習志野など一部の駐屯地を除けば、常時歩哨が小銃を携行しているわけではない。したがって、この警棒が護身のための唯一の武器であるといってよく、まったく心許ない限りである。もっとも、情勢緊迫の度に応じて警棒が木銃に、木銃が小銃にと、警備の強化に伴い武装も強化される。

これに対し、米軍の歩哨は常に小銃を携行している。さすがに薬室に弾薬を装填こそしていないが、威圧感は充分である。これは、絶対に基地への侵入を許さぬという無言の威圧であって、基地への侵入や破壊工作を企図する者に対する抑止力となっているのだ。

さて、次は警務隊の被服と装具について述べる。こちらも任務の特性上、警察の被服や装具に似た物が多い。まず被服についてだが、もっとも警察の物に酷似しているのは「オートバイ服、警務用」である。これは、警察の白バイ隊員の着用する黒色革製の乗車服そっくりで、これに「乗車安全帽、警務保安用」という白いヘルメットを被る。

このヘルメット、これまた警察の物とそっくりでメーカーはショウエイもしくはアライ製である。形状も同じで、警察の前章を自衛隊の帽章に変えただけのようにも見える。さらに帯革や手錠入れ、オートバイ靴などまで警察の物と酷似しているため、警務隊の白バイで駐屯地間を移動中に、警察の白バイ隊員と間違われることがしばしばあるという。

腕章も黒地に白文字で「警務」となっており、警察の各種腕章そっくりである。夜間の交通統制用チョッキなどは、生地などの材質や反射テープなどはもちろん、デザインもほぼ同型といってよいだろう。POLICEと文字を入れたら、そのまま警察の物として通用しそうだ。警務隊の使用する黒塗りセダンなどは、赤色灯がなければ警察の自ら隊、つまり自動車警ら隊の覆面パトカーそっくりなほどである。

このように、隊内において犯罪捜査などで権力を行使するという任務の特性もあってか、警務隊の被服ほど威厳の感じられる物は他にはないといえるだろう。

67 白衣の天使！自衛隊ナースの看護服

数年前にナースの呼称が変更され、従来の看護婦から看護師と称されるようになった。同様に、従来親しまれてきた婦人警官や婦人自衛官という呼称も、それぞれ女性～と呼称することとなった。婦警さんとか看護婦さんという愛称で呼べなくなったわけだ。婦人の「婦」、看護婦の「婦」が女性に対する差別にあたるというのなら、主婦の「婦」はどうなのだ？

これらの呼称は世間一般にすっかり浸透し、それが社会慣習として容認されてきたものである。つまり、自他共にそれを容認していたわけで、これを急に変えろといい出すのはおかしい。

わが国は、卑弥呼や小野妹子を例に挙げるまでもなく、歴史的に見れば女尊男卑の国であった。現在でも恐妻家だとか、女房に財布を握られているとかいうではないか？

近年の男女差別撤廃運動なるものは、そのほとんどが女性で構成される左翼系市民団体によるもので、米国に端を発した世界的なウーマンリブ運動とは本質的に異なるものだと筆者は思っている。

それはともかく、筆者は今でも病院で、つい「看護婦さん」と呼び掛けてしまう。そう呼び掛ける筆者も筆者だが、呼ばれた方も「はい」と返事をするばかりか「それでしたら、他の看護婦にお申し付けください」なんて答えたりする。長年の慣習は、なかなか直らないものなのだ。

さて、その全国の自衛隊病院などで活躍する自衛隊ナースだが、彼女らは一般の女性自衛官制度がスタートする一八年も前の、昭和二七年（一九五二）から存在していた。つまり半世紀以上の歴史を誇っているわけだ。

その原点は、日清戦争時代の従軍看護婦にある。彼女らは第一次世界大戦時の青島はもとより、はるばる英、仏、ロシア各国に派遣され、大東亜戦争においては満州や南方の過酷な環境下で献身的な看護に努めた。その多くは日本赤十字社の看護婦で、濃紺のワンピース型制服も凛々しいものがあった。しかし、彼女らは将校待遇であったわけでもなく、一般の兵隊同様赤紙一枚で戦地へと赴いて行ったのである。

この点、自衛隊ナースは米軍ナースの組織および制度に倣っての発足であった。当初は、その被服も充分整備されていなかったようだ。制服は一揃えだけで替えのスカートはなく、レインコートや雨靴といった物も支給されていなかった点を、当時の米軍顧問団ナースである西山政子中尉が指摘している。これは、ナース第一期生の吉田浪子3等保安正（現在の3佐）に宛てた書簡に記されている。

衛生科の看護官の衣服は「看護衣」と称され、防衛庁仕様書に基づいて造られている

現在の自衛隊ナースではこのような点は解消され、制服や作業服、看護服など看護業務に必要な物はすべて用意されている。看護服は正式には「看護衣」と称し、バンド（いわゆるベルト）なしの1形およびバンド付きの2形が存在し、長

袖と半袖がある。見た目は民間ナースの白衣と変わらないが、これは防衛庁仕様書に基づいて造られた被服である。これに、看護帽や白靴を組み合わせて着用するわけだ。

看護被服ではないが、自衛隊の軍医ともいうべき医官の被服として「診察服」という物も存在する。これはダブル型の白衣で、男子用と女子用は前の合わせが逆になっている。また、手術服も男子用はブルーに近いグリーンで女子用は淡いラベンダーと色が異なっている。

このように、初期の頃とは比較にならない被服の充実ぶりだが、予算的に厳しい昨今、衛生関係の被服に民生品の採用を検討しているようで、ピンク色の看護衣が登場するかも知れない。着用する本人には気になるところだろうが、自衛隊病院の患者にとってはもっと気になるといってよいだろう。

68　男子隊員でも針仕事？「被服手入具」

自衛隊に入隊すると、早速、入隊初日に被服・装具を交付される。隊員としての一番最初の作業が注記である。被服・装具に付いている銘板には自分の所属氏名欄があり、そこにサインペンで名前を記入するわけだ。と同時に、あらかじめ用意された名札を渡されるので、それを作業服などに縫い付ける。これに必要な針や糸、指抜き、ハサミなどがセットになっているのが被服手入れ具である。いわゆる裁縫道具だ。

この作業、何も新隊員として入隊したときばかりではなく、定年となるまで同様のことをするのである。被服・装具には、それぞれ耐用年数が定められていて、数年ごとに補給係が更新してくれるし、耐用年数以前に損耗した場合も新品と交換してくれる。そのため、その都度注記しなければならないし、名札も付け替えねばならない。また、階級章も昇任の都度縫い直す必要があるし、異なる師団などに転属すれば、部隊章も縫い直さねばならない。

まあ、それほど頻繁にするわけではないから、たいした作業でもないのだが、面倒がって自分ではやらずに彼女や奥さんにやらせる者もいれば、隊内売店のＰＸで業者にミシン掛けしてもらい、仕上がりの美しさなどの見た目にこだわる者もいた。

もちろんこの被服手入れ具、名札などの縫い付け以外に訓練で破れた戦闘服の補修にも活躍する。あるとき、小銃の射撃検定で射撃姿勢を取った隊員のズボンが破け、その場の全員がズッコケた。ここで、被服手入具の出番となりそうなものだが、訓練中でもあり、さすがに破れを繕う時間もなく本人はそのまま射撃を続行したようだが、実弾射撃の緊張感も吹っ飛んでしまったそうな。お陰でその後は皆リラックスして射撃することができた、といいたいところだが、笑いを堪えるのに必死であったという。

　そんなわけで、自衛隊では男子隊員であっても針仕事をするし、戦闘服のアイロン掛けもする。独身で営内（隊内）に起居する隊員は課業後には自分の洗濯をするし、共同で使用する洗面所などの清掃、糧食班勤務では炊事を経験する。このようにして、集団生活を通していつの間にか誰でも女性並みに家事ができるようになるのだ。また、独身の女性自衛官にとっては、花嫁修行のよい機会でもあろう。

　近年、若い主婦の中には、家事の満足にできない人も増えているという。これは、実に嘆かわしいことである。ぜひとも自衛官を見習ってもらいたいものだ。

69　海上自衛隊の特殊被服と装具

　わが国は、日本列島と呼ばれる大小多数の島嶼からなり、資源の少ない島国であるのは誰しも御存知のことだろう。海上自衛隊は、わが国周辺海域における海上交通の保護を主たる任務としている。だから、わが国が今後も海洋通商国家として生存していく上で、海上自衛隊は必要不可欠の存在であるといえる。

　その海上自衛隊の任務と同様、特殊被服の種類も多岐に及んでいる。では、その特殊被服にはどのようなものが存在するのであろうか。

　特殊といえばSBU、すなわち海上自衛隊特別警備隊である。平成一三年（二〇〇一）三月に新編されたこの部隊は、陸海空三自衛隊初の特殊部隊である。海上保安庁の特殊部隊SSTが、米海軍の有名な特殊部隊SEALを範としたのに対し、特別警備隊は英海軍のSBSを手本に編成された。「最初で最後」といわれた訓練公開が平成一九年（二〇〇七）にあったものの、陸自初の特殊部隊である特殊作戦群と同様、その特殊任務故に細部はほとんど非公開となっているため、彼らの被服および装具についてもまだまだ不明な点が多い。

　筆者が想像するに、北の工作船などに対処するという任務から、その被服および装具は海保のSSTに似た物ではないかと思っている。潜水装備に関しては、水中処分隊の物を基礎として、例えばドイツのドレーゲル社製「閉鎖回路《クローズド・サーキット》式潜水装置」LAVシリーズなど、英海軍SBSと同様の装備を取り入れた物が使用されているのではなかろうか。

　次いで紹介するのはLCAC（エルキャック）操縦士の被服および装具である。輸送艦おおすみ型は、戦後初の全通甲板を有したフネとしてお馴染みである。自衛隊の艦種記号はＬＳＴ、すなわち諸外国でいう戦車揚陸艦であるが、実質的にはＬＰＤ、ドック型揚陸艦と呼ぶに相応しい。

このおおすみ型が搭載するＬＣＡＣを海自ではエアクッション型揚陸艇、通称ＬＣＡＣ（エルキャック）と称している。いわゆるホバークラフトだ。これは明らかにフネなのだが、航空用の物に似たヘルメットにフライトスーツ状の被服といい、ＬＣＡＣ操縦士のスタイルはまるで航空機のパイロットのようである。これらの被服および装具は、ＬＣＡＣがそうであるように、国産ではなく米国から輸入した物らしい。

さて、諸外国には、海軍の一部もしくは独立軍種として海兵隊を有する国が存在する。もっとも有名なのは米海兵隊、また旧ソ連／ロシア軍などにあっては海軍歩兵、イタリアではサンマルコ海兵大隊が有名である。そして、わが国の旧軍にも海軍陸戦隊が存在した。

現在の海上自衛隊には陸戦隊こそ存在しないが、陸戦服装は存在する。その色も形状も陸自のＯＤ作業服に酷似、というか銘板が異なるだけの被服がそれである。

現在では「作業服、陸警用」と名称が変更されたようだが、以前はズバリ陸戦服と呼称されていた。この被服は、海自隊員なら練習員（陸自や空自でいう新隊員）課程の陸戦訓練で誰でも一度は着用するもので、他に基地警備に任ずる陸警隊（陸自でいう警衛隊）でも着用される。野外における陸戦訓練では、この服装に陸自で使用している旧型の弾帯と、旧軍同型の吊りひも式水筒などの装具を装着する。

なぜ海自の水筒だけが吊りひも式かというと、海自が伝統墨守をモットーとする組織だからではない。単に、海自の全隊員に弾帯が貸与されていないからにすぎないのだ。ともあれ、現在では陸上自衛隊と同じ、迷彩２型の陸戦被服に更新されていて、そのうちにデジタル迷彩服になることだろう。

お次は艦艇乗組員の被服だが、潜水艦の乗員が着用する被服なども独特である。潜水艦作業服は青色のつなぎ型の被服で、基地で使用されるつなぎ型の整備服と色も形状も酷似している。この服に、メッシュ状の潜水艦用短靴を着用するのだ。

これに対し一般の水上艦艇の乗員は、通常の作業服に色も形状も酷似した戦闘服上下を着用する。といっても陸自の感覚からすれば、一見しただけでは戦闘服には見えない。どの辺が戦闘服かといえば、素材がアラミド系繊維となっており、難燃性が付与されていることである。

フォークランド紛争当時の英海軍水上艦は、上部構造物がアルミ合金製であった。そのため被弾した船体が燃えやす

海上自衛隊の各服装。左から、海曹（2人）、海士（2人）の通常礼装夏服、航空服装、立入検査服装、消防服装、艦艇戦闘服装、消防服装（火炎防護衣）、航空整備服装（航空誘導服）

く、火だるまとなった乗員も多かった。海自の護衛艦も被服もこの戦訓を取り入れ、難燃性の向上を図ることとなったのである。

70 航空自衛隊の特殊被服と装具

昔、栄養ドリンクのテレビCMに「二四時間戦えますか」というキャッチフレーズがあった。いくら優秀なジャパニーズ・ビジネスマンでも、栄養ドリンクを飲んだだけで二四時間戦えるというのなら驚異的である。

それは自衛官も同様で、二四時間勤務というのはタテマエにすぎない。自衛官も人間であるから休息も睡眠も必要である。とはいえ、寝ていてもいつ何どき非常呼集が掛かるかわからない。そのような意味で、二四時間勤務と称するわけである。

このように、一人の隊員が二四時間勤務し続けるのは不可能なので、一般的には三交代制で勤務することとなる。片時も警戒監視を怠ることができない空自のレーダーサイトなどがそうだ。

そのレーダーサイトは、ほとんどが山頂や離れ小島などの辺鄙な場所に存在している。豪雪地帯のサイトともなれば、冬季間の補給も大変だし除雪も自隊でしなくてはならない。

通常、空自の隊員は、冬季においては作業服外衣と称するMA-1に似たジャケットを着用する。これが寒冷地の場合だと、もっと防寒性の高い「防寒外とう」を着用する。これは、米軍のN-3Bに似た紺色のスノーケルパーカーともいうべき被服である。内側にはナイロン製のキルティング・ライナーが付いており、帯電防止機能も付与されている。

さらに、前述した除雪作業などにおいては除雪作業衣を着用する。用途がそのままズバリの名称となっているから、分かりやすい被服である。これはナイロン製の防寒着で、雪中で目立つようにオレンジ色となっている。防寒性能的には、作業服外衣と防寒外とうの中間といったところだが、軽量で動きやすい点はよろしい。

前項では海上自衛隊の特別警備隊に触れたが、現在の空自には特殊部隊は存在しない。しかし、れに類する部隊なら存在する。「基地警備教導隊（BDDTS＝バドッツ）」がそれである。その部隊名からも想像できるように、敵地上部隊、特にゲリラ・コマンドゥによる攻撃から、航空基地等を警備・防衛することを主たる任務とする。平時は、全国の基地警備隊を巡回し、基地防衛に関しての教育訓練および指導（つまり教導）にあたるという。そして有事に際しては、防衛すべき基地に機動的に展開し、当該基地の警備隊とともに敵の攻撃に対処するのである。

この基地防衛教導隊、平成二三年（二〇一一）に新編された、まだまだ歴史の浅い部隊だ。軽装甲機動車を装備し、基幹隊員による対人狙撃銃の射撃訓練も実施しているようで、隊員の被服および装備も陸自の普通科部隊に準じた物だ。そのため、基地防空隊等で使用している迷彩服（当初は野戦用迷彩服を着用、現在はデジタル迷彩）を着用し、88式鉄帽と防弾チョッキに身を固めるというスタイルである。

まさに、基地防衛任務に特化した特殊部隊と言える基地警備教導隊。もちろん、敵の規模によっては陸自の増援が必要だが、受動的な基地防衛から能動的な基地防衛への変化にこそ、大きな意味があると言えよう。

71　伝統墨守！　海士のセーラー服

現代ニッポンにおいてセーラー服といえば、世の男性の多くは女子高生の制服をイメージするであろうが、それは大きな誤りである。特に最近の若い世代には、セーラー服がその名の通り元々水兵の服であった事実を知らない者が多いという。それは、昨今における海上自衛隊の新隊員も同様で、セーラー服は女子高生の服だと認識していて、制服を着用するのに抵抗があるそうだ。これでは本末転倒ではないか？

明治初期の日本は、開国後、列強に追いつけ追い越せとばかり富国強兵の道をひた走った。徴兵制を採用し、西洋式に訓練された正規の常備軍を立ち上げた。陸軍はフランス、海

91式携帯地対空誘導弾を構える基地防空隊の航空自衛官

軍はイギリスを範とし訓練から被服に至るまでのすべての様式を外国から取り入れた。その一つが帝国海軍の小兵服、すなわちセーラー服であった。このセーラー服、元々は英国海軍発祥の水兵服であったのだ。

だから、筆者にとってセーラー服とは海軍の水兵が着用する服であると認識しているから、女子高生のセーラー服姿に違和感は感じても、性的魅力などは感じない。女子高生の制服というのなら、セーラー服よりブレザー型の制服の方がよほど魅力的だ。

さて、このようにセーラー服は、世界各国の海軍において

海上自衛隊の海士用制服となっている
セーラー服

水兵の制服として採用されているのは御存じの通りであろう。そのデザインや機能性は陸軍や空軍の制服とは一線を画しており、陸海空三軍の中でももっとも人気が高いことも世界共通である。海上自衛隊の海士用制服は、なぜセーラー服なのか。海上警備隊から海上自衛隊に改編されようとしていた頃、海士の制服を制定するにあたって被服担当者が集まり検討した。その結果、セーラー服以外に考えられず、世界各国海軍の水兵の服装もほぼ同様であることから、あっさりとセーラー服に決定したという。また、そのデザインも旧海軍のものを踏襲していたが、これには、当時はまだ旧海軍の経験者が相当数存在していたことからも、必然の成り行きであったといえよう。

72　死んでも離さない？　らっぱ&号笛

かつての旧帝国陸海軍には、戦場における数多くの武勇伝が存在して現在でも語り継がれている。勝ち戦の武勇伝ともなれば、長沼挺身隊などのように誰もが知っているほどである。

日清戦争においても多くの武勇伝が生まれ、中でも「木口古平」の話は有名である。木口小平は岡山県出身で、喇叭《らっぱ》手として日露戦争に従軍した。彼が喇叭を吹けば敵弾に当たらない「幸運の喇叭」であるとして、部隊の士気も高揚した。

そして、朝鮮は成歓における戦いが開始された。そして戦闘はいよいよ突撃発起となり、彼は吶喊《とっかん》する戦友の士気を鼓舞すべく「突撃の符」を吹奏していた。いわゆる突撃喇叭である。その際、敵弾に当たって倒れながらも握った喇叭を離さなかったという話は、当時の国定教科書で「キグチコヘイハ、シンデモラッパヲクチカラハナシマセンデシタ」として、修身の教材となった。

これに対し、現在では「単なる死後硬直にすぎない」というジョークもあるが、それは祖国のために戦った英霊に対し、無礼というものだ。とはいえ、その美談の主が木口古平ではなく実は白神源次郎であったとか、そもそも創り話であったという説もある。

さて、今日の自衛隊では喇叭ではなく「らっぱ」とひらがなで標記するのだが、そのらっぱ自体は旧軍の九〇式信号喇叭をほぼ踏襲した三つ巻きのデザインである。もちろん、赤房の紐が付いているのも旧軍譲りの伝統なのだろう。この赤房の紐は、慶応二年（一八六六）にわが国で初めて西洋軍隊式喇叭の教育が開始されたとき、幕府お抱えのフランス人教官が成績優秀者に与え、喇叭に付けさせたのが始まりであるという。

　この自衛隊らっぱ、制式品ではあるが個人で購入する物で、大きな駐屯地のＰＸでないと常時在庫がないため取り寄せてもらうことになる。筆者は現役時代らっぱ手ではなかったが、後輩に優秀ならっぱ手が多く存在したこともあり、私物のらっぱが欲しくなった。ところがこれがまた入手困難で、入手に大変苦労した覚えがある。

　とはいうものの、らっぱの形状はともかく、らっぱ譜は戦前のそれを踏襲しているわけではない。陸自と空自のらっぱ譜は戦後新たに制定されたもので、木口古平の吹奏した「突撃の譜」はもとより消灯らっぱなどの日課号音の譜に至るまで、戦前の物とはかなりメロディを異にする。

　この点、海自のらっぱはアメリカン・ボーイスカウト型の二つ巻型で、陸自や空自と形状も異なれば、らっぱ譜自体も異なる。これは、旧海軍の伝統を継承する海自ならではのもので、「君が代の譜」など、旧海軍のらっぱ譜を現在も吹奏しているのだ。つまり、海自のらっぱ手は、戦前戦後と二種類の君が代の譜を吹奏できなければならないのだから大変である。

　現代戦では、野戦における突撃らっぱの吹奏は現実的とはいえず、らっぱ吹奏は儀礼目的以外には、命令伝達手段としての重要性も低下した感もある。しかし、信号通信の基本的手段には変わりなく、今後も各国の軍隊で吹き続けられるであろう。

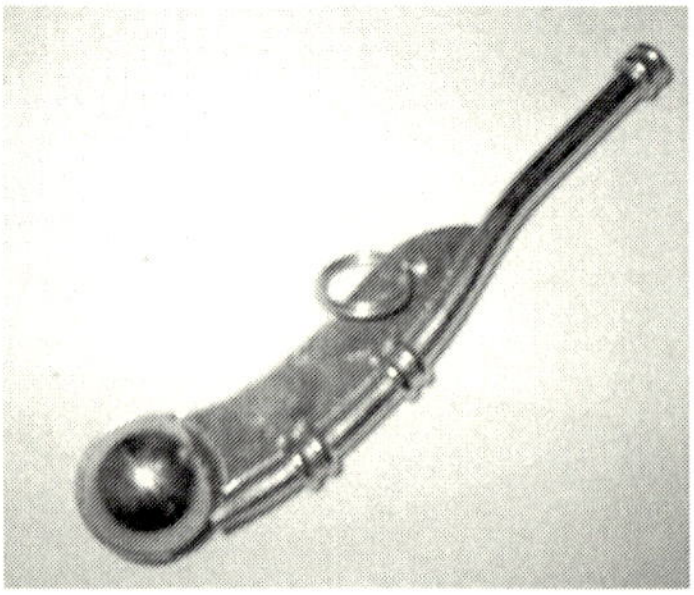
海上自衛隊で使用されている
サイドパイプ

　そして、続いて紹介する号笛とは、いわゆるサイドパイプである。元々は、帆船時代の英国海軍が命令伝達の手段として開発した物で、今日でも世界各国の海軍で使用されている。もちろん、海自の号笛も、外観上は各国海軍で使用されている物と大差はない。その原形となった物は一三世紀頃にすでに出現していたが、現在のような形状となったのは一七世紀頃のことである。

　サイドパイプが発する独特のかん高い音色は、水兵が艦上のどこにいようとも、強い風の元でも明瞭に聞こえることから、帆船時代の艦上における命令伝達に最適であった。当初は、主として甲板長や掌帆長が自ら使用したが、そのうちサイドパイプの吹奏を専門とする水兵が出現するようになる。

　このように、号笛は現在の海自においても、玄門での送迎時や艦内号令伝達などに使用されている。ともあれ、らっぱであれ号笛であれ、一人前に吹奏できるようになるにはかなりの演練を要するという。何しろ、吹き加減と唇の形状を変化させるだけで音色や音の高低を変えなければならないのだから、かなり高度な技術といえるだろう。

73　腹が減っては戦ができぬ、自衛隊の戦闘糧食

「軍隊と警察の相違点を延べよ」と問われれば、その編成および組織が異なるとか、任務と存在意義が異なると答える人は多いだろう。しかし、「自己完結性」を有するか否かという点で異なる、と答える人は少ないのではないか。

自己完結性とは、極言すれば自前で飯が炊けるかということである。つまり、組織として任務の遂行はもちろんのこと、衣食住の一切を自前で処置できる能力のことである。

大規模災害においては、自衛隊や警察、消防などの出番となる。自衛隊の災害派遣部隊は、自前で炊き出しをして被災者に供給可能なばかりか、それが自分達の食事ともなる。ところが警察などではそれが不可能だ。自分達の食事は仕出し弁当だし、被災者に供給するための飯を炊く警官も存在しない。

これに対し、自衛隊の場合は給食だけでなく、天幕を立てれば自前で宿泊できるし、活動中に汚れた被服は野外洗濯セットで洗濯が可能である。他にも自前の輸送手段があるし、それら車輌や航空機の整備も自前で可能である。

このように、兵站活動を自前でできるのが自衛隊である。その中でもっとも重要なのは食事の準備である。自衛官でなくとも、日本人なら誰でも一度は「腹が減っては戦ができぬ」と口にしたことがあるだろう。

生物にとって、食とは生命活動の源である。しかし、ヒトにとっての食とは、他の生物が餌を摂取するのとは本質的に異なる。ヒト＝人間にとって、食とは生涯続けられる生存のための営みであり、かつ人生の楽しみでもある。つまり、食とは文化でもあるのだ。

いくら非常時とはいえ、野外での三度のメシも旨い方がよいに決まっている。さらに温食、つまり温かいメシならなおよいが、常に温かいメシが食える保証はない。そこで戦闘糧食の出番となる。

この戦闘糧食、缶詰状のⅠ型とレトルトタイプのⅡ型に大別される。戦闘糧食Ⅰ型は、自衛隊の発足と同時に誕生した携行食で、主食（ご飯）と副食二種類（おかずおよび漬け物）の三個の缶詰めで一セットとなる。ＯＤ色のブリキ缶には、ゴシック体の文字で「白飯」とか「味付ハンバーグ」などと品名などが記載されている。この通称缶メシ、副食はともかく主食は温める必要がある。もちろん、炊飯前の米がぎ

っしり詰まっているからではなく、炊飯後のご飯の澱粉質がβ化して固まっているからである。また、携行食とはいいながら、行軍中に片手で食べることができないし、重量がありかさ張るのが難点である。

また、メニューも少ないばかりか、そのメニュー選定のセンスを疑う。「とり飯」や「しいたけ飯」はともかく、なぜ「赤飯」なのだろう。野外訓練や防衛出動で殉職した隊員が出たあとに、たまたま食事のメニューが赤飯だったらシャレにもならないではないか。

それはともかく、この缶メシに加え、平成二年（一九九〇）となって戦闘糧食Ⅱ型が制式化された。これは通称パックメシと称し、ＯＤ色のパック入りご飯とレトルトタイプの副食で構成されている。

日本は米が主食であるが、欧米には主食と副食を区分する概念がない。米は保存性に難があり、戦闘糧食としては欧米のパン食の方が有利だろう。だからといって旧軍でもあるまいし、干し飯というわけにもいかない。それなら乾パンの方がまだマシである。

戦闘糧食Ⅱ型にはイタ飯こそ存在しないが、中華丼ありのビーフカレーありのと和洋中が揃っている。この中にはクラッカーとハムステーキ、ポテトサラダに卵スープからなる「クラッカー食」なるメニューがある。欧米の戦闘糧食のようなメニューだが、筆者にはオヤツのようで少々物足りない。米食でないと満足感が得られないのは、日本人の性だろうか。

主食のご飯はＯＤ色のパックに入っているだけで、市販品と変わらない。状況が許せば、行軍中でも片手で食べられる。副食も、これまた市販品と変わらない。米軍のＭＲＥと称する戦闘糧食は、ブ厚いラミネートパックに入っていて開封に一苦労だが、この戦闘糧食Ⅱ型の副食は、ポリエチレン樹脂を積層した半透明ＯＤ色の薄い袋に入っている。そのため、軽包装糧食とも称されるように、開封も実に楽なのだ。この袋にレトルトパックのおかずと漬け物、フリーズドライの汁物が色々と組み合わされて入っている。

そして、数年前に簡易加熱剤と称する専用のヒーターも登場した。これは使い捨てカイロと同様、化学反応を利用し加熱する物である。使用法も至って簡単、包装を破って中身を取り出して振るだけだ。これにより、酸化第二鉄が空気中の酸素と反応し、発熱が始まる。

これに対し米軍のレーションヒーターは、加熱に要する時間は短いが触媒に水を必要とする。さらには反応時に水素ガスまで発生するから、安全性・秘匿性の両面で厄介である。自衛隊がこの方式を採用しなかったのは正解だろう。

このように、戦闘糧食Ⅱ型は喫食の簡便性と携帯性に優れ、かつ味も申し分ない。何といっても日本のレトルト食品やフリーズドライ食品の味は世界一、そして技術的にも今や世界一なのだ。

さらに新型では、ご飯がパックからトレー式になって、プラスチック製のスプーンが付いた。また同時に、メニューが見直されて廃止されたり、新たなメニューが登場した。だが、その一方で、旧型の戦闘糧食Ⅱ型にあったポテトサラダや漬物、フリーズドライの中華スープや味噌汁がなくなってしまい、筆者としては寂しい限りである。

予算およびコスト上の問題から取捨選択し、段階的に改善していくしかないのだろうが、ゆくゆくはサラダや漬物・汁物を復活させてもらいたいものだ。これで米軍の戦闘糧食のように、スプーンや調味料、粉末飲料から紙ナプキンそしてチューイング・ガムやキャンディまでが入ったアクセサリー・パケットが付属すれば、世界最高の戦闘糧食となるのでは、と筆者は思う。

現行の「戦闘糧食Ⅱ型」。写真のメニューは現行の「かも肉じゃが」だが、副食としてもう１品、「さばしょうが煮」も付いている。２つの味が楽しめるのだ

74　和製MA-1？　自衛隊のフライトジャケット

MA-1といえば、今やすっかり冬の定番アウターとしてお馴染みである。このMA-1、現在でこそナイロン製フライトジャケットの代名詞として有名だが、二〇年ほど前は一部のマニアしか着用していなかった。

それが、映画「トップガン」の大ヒットにより、フライトジャケットが一般に浸透することとなった。従来ボンバージャケットと称されていたG-1や、パイロットジャンパーと称されていたMA-1も市民権を得たのである。

海空の自衛隊においても、長らくMA-1を範としたデザインのナイロン製フライトジャケットが使用されてきた。これは、海空の自衛隊ともほぼ同一仕様で、表側は紺色で裏側はオレンジ色のリバーシブルで、帯電防止機能が付与されている。整備員が着用する物とパイロットが着用する物は同仕様であるが、前者は作業服上衣で後者は航空上衣と称し、それぞれ名称が異なる。

現在の航空自衛隊が使用している航空上衣3型では、その素材も色も従来とはガラリと変わった。色はグリーンとなり、アラミド繊維の採用により難燃性が付与された。この航空上衣3型の登場により、国産のフライトジャケットも今やオリジナリティーを確立した感がある。

航空上衣3型は、米軍のCWU-36／PやCWU-45／Pと比較して、防寒性が若干劣るのが残念である。しかしながら、その機能性および着用感などを総合的に判断すれば、十分合格点を与えられるできだと筆者は思っている。

航空自衛隊のフライトジャケットである「航空上衣３型」

75 フランス製寝台？ 営内班用寝具その1

営内班とは、陸自における隊内に起居する独身隊員の生活単位である。空自ではこれを内務班と称し、海自では分隊と称する。現在の新隊員なら驚くだろうが、昭和時代の自衛隊では中隊事務室などの職場と営内生活を送る隊員の居室、つまり営内（内務）班が同じ隊舎内に混在していた。さらに一部屋に少なくとも数人から十数人が生活し、二段ベッドが普通であった。当時は規則で私物品の持ち込みも制限されていたから、まるで病院の大部屋といった風情であった。これを隊員は「タコ部屋」と称していた。

しかし、海自の艦船乗組員は最近まで三段ベッドで起居していたし、さらに旧海軍では吊り床《ハンモック》であった。それに比べたら贅沢なくらいだと筆者は思っていたから、さほど営内の居住環境に不満は感じなかった。ところがバブルの世となって、陸上自衛隊は任期制隊員の確保に頭を痛めるようになった。そこで陸幕は輝号計画の一環として、若者への魅力化政策を打ち出した。「91式制服とベレー」の項でも述べた通りである。

具体策としては外出制限の緩和による隊員の拘束感の軽減と、職住分離による隊員の生活環境改善である。当時の防衛白書や朝雲新聞などによれば、「狭隘な老朽化隊舎の建替えなどにより……隊員の居住環境の向上を図る」とある。

これにより、隊員の居室は職場の隊舎から分離し、独立した生活隊舎が設けられた。また、従来の二段ベッドも解消され、一部屋が間仕切りされて実質的な個室となった。当時は「やっと米軍並みになった」と皆で喜んだものだった。

そして、寝具もずいぶんよくなった。ベッドも従来の物に比べやや大きくかつ長くなり、セミダブル・サイズとなった。昨今の隊員の体格向上を考慮した結果である。これで、よほど長身の隊員でもなければベッドから足がはみ出すことはない。また、適度な硬さのマットレスとスプリングにより快適な寝心地であり、各部の造りも立派になった。旧陸軍の藁《わら》入りマットレスとは雲泥の差である。何といっても「おフランス製」ざんす、といいたいところだが、実は、その名を冠したメーカーの国産である。とはいえ、一流ブランドの手による物だから、なかなかのできだ。

また、毛布やシーツ、枕カバーも従来の物より上質となり、毛布の色は暗緑色から、シーツおよび枕カバーは白色からそれぞれベージュ色となった。掛け布団は従来とあまり変わらないように感じるが、洗濯の際、掛け布団のカバーの脱着が楽になった。

この現行の寝具、今ではすっかり当たり前の物となってしまったが、当初は、当直勤務の年輩隊員などは隔世の感があると頻《しき》りに感心していたものだ。

76　女子隊員用はピンク色！　営内班用寝具その2

さて、前項で述べたように、陸自の隊員が起居する営内班の寝具であるが、女子隊員が使用する物も同型ではあるが、色が異なる。男子隊員用の物がベージュ色であるのに対し、女子用は何とピンク色である。

自衛隊の駐屯地や基地においては、当然ながら男女の居室は別々となっている。最近建設される新規格の営内隊舎は、最上階の全フロアが女性自衛官用となっているようだ。もちろん男子禁制であるため、まさか彼女らがピンク色の寝具を使用しているとは筆者も知らなかった。

筆者が初めてそれを目にしたのは、出張のため某駐屯地の外来宿舎に宿泊したときである。寝具類がピンク色なら居室の壁もピンク色、しかも各居室には姿見が備え付けられている。そして、トイレはすべて個室のみ。ここでやっと気が付いた。この外来宿舎、以前は女性自衛官の営内隊舎であったのだ。

このように、昔は女性自衛官を腫れ物扱いというべきか、男子隊員がよからぬ目的で隊舎に侵入しては大変だということで、独立した隊舎が建てられその周りは柵で囲まれていた。ところが現在では、フロアこそ異なるが一つ屋根の下に男女が起居を同じくしているのである。さらに、海自のWAVE（女性の海上自衛官）は補給艦や練習艦だけでなく、他の艦艇へも乗艦の道が開かれつつある。将来は「女は乗せぬ戦船《いくさぶね》」も昔話となりそうだ。それだけ女性自衛官は当たり前の存在になったというべきか。いやはや、これも時代の流れなのだろうか。

77 気合いを入れて初一本！ 銃剣道用防具と木銃

「ジュウケンドウ？　何ですか、それ。柔道と剣道をミックスした新しい格闘技ですか？」一般の人にとって銃剣道は耳なれないようで、自衛隊マニア以外の人には、どのような格闘技なのか皆目見当つかないようである。

銃剣術といい替えれば年輩の人なら理解できるが、若い人にはそれすら理解できない。そもそもまったく軍事知識のない人は、木銃はもちろんのこと銃剣の存在も知らないのだから無理もない。

剣道なら学校教育の体育にも取り入れられているが、銃剣道の競技人口は、それと比較にならないほど少ない。しかもその大半は自衛官であり、少年少女剣士はその子弟であったりする。また、一握りにすぎない外国人剣士も防大の留学生がほとんどであるし、自衛隊以外の世間一般にはほとんど普及していない。格闘技としてはかなりマイナーである。

銃剣道は、わが国古来の伝統ある戦技である槍術が元祖である。明治維新後の日本は、近代的西洋式軍隊の範をフランスに求めた。それは編成・装備のみならず、訓練面でも同様であった。

明治七年（一八七四）、フランスからデュクロ軍曹らを招き、西洋式銃剣術の訓練が始まった。そして翌年には、スナイドル銃に長剣を付けた物を用いて刺突訓練が開始されている。こうして槍術とフランス式銃剣術、さらには、主として騎兵が用いる片手による軍刀術との比較研究が続けられた。そして、明治の半ばの陸軍戸山学校において、木銃を使用した現在の銃剣道の原形ともいうべき銃剣術が制定された。

このように試行錯誤の末、制式採用したフランス式銃剣術はわが国には不向きであるとして、これを廃止した。現在でもフェンシングは今一つマイナーであるが、やはり日本人には西洋式の剣術は馴染まなかったのだろう。その後、フランス式銃剣術の影響も残りながら、槍術を基礎としたわが国独自の銃剣術として発展してきたのである。

そして、銃剣術は軍隊のみならず、心身鍛練を目的とした銃剣道学校教育にも取り入れられた。昭和六年（一九三一）には、武士道精神の涵養《かんよう》を目的として、いわゆる心・技・体の一致を重視した銃剣道教育が行なわれるようになった。これにより、剣道などの武道と同様に広く一般にも普及した。大東亜戦争を頂点として興隆を極めた銃剣術であったが、敗戦と同時に進駐軍によって禁止されてしまった。

昭和二五年（一九五〇）に警察予備隊が誕生したのを契機として、かつての銃剣道が復活した。その後、しばらくは戦技的要素が強いことから、軍隊をイメージさせるという短絡的思考の人々から批判されてきた。剣道だって元々は戦技という戦闘手段に端を発したものであったから、剣道はよいが銃剣道はダメという論理はおかしい。

最近はこのような批判も減り、徐々にではあるが世間からは武道の一つであると認知されだしてきた。現在でもその競技の中心は自衛隊ではあるが、外国人や女性の剣士も登場し国体の正式種目ともなった。

さて、その銃剣道に使用する防具と木銃はどのような物であろうか。現在、自衛隊で使用している防具は95式銃剣道防具セットと称する。面および胴、小手は剣道に使用する物とほぼ同様で、これに肩と称する防具を左肩に装着する。この部分を木銃で突くのである。

さらに、胴の内側にはクッションよろしく胴布団を装着する。また、右手にはかつては手嚢《しゅのう》と称した革製の指袋を装着し、指部分を保護するようになっている。

木銃は、かつての旧軍時代の物と基本的に同形で、長木銃と短木銃の二種が存在する。銃剣道で使用するのは前者であり、その先端部には白ゴム製のタンポが付いている。戦闘服に格闘き章を付けた指導官クラスの隊員や師範ともなれば、このタンポが黒色であることが多い。

以上のように、世間一般にはまだまだ馴染みの薄い銃剣道であるが、わが国の伝統ある武道の一つには違いない。大きなスポーツ店の武道用品コーナーでは防具も販売されているので、読者諸氏もチャレンジしてみては如何だろうか。

78　格闘服および体操バンド

古い話で恐縮だが、「忍者部隊月光」という漫画を御存知だろうか。この漫画の有名な台詞に「馬鹿、撃つ奴があるか！拳銃は最後の武器だ！」というのがあった。

隠密急襲を目的とした特殊部隊ならそうかも知れないが、一般部隊においての最後の武器は自己の鍛練した肉体であり、その手段が徒手格闘である。それは自衛隊のみならず、諸外国の軍隊においても同様であり、米軍には「コンバット、ハンド・トゥ・ハンド」というマニュアルが存在する。

自衛隊の徒手格闘は、駐屯地記念日においても模範演技を公開しているし、書店へ行けば自衛隊徒手格闘に関する書籍やビデオも販売されているので、これらを入手することも可能である。読者諸氏も徒手格闘がどのようなものであるか、御存知の方も多いだろう。

マーシャル・アーツといえば、軍隊の格闘術に端を発する総合格闘技として一般的に知られている。諸外国の軍隊式格闘術にはさまざまな種類のものが存在し、そのベースとなっている格闘技にもさまざまなものがある。しかし、日本拳法が徒手格闘のルーツであるというのは意外と知られていないようだ。

旧軍時代においては銃剣格闘が盛んであったのだが、戦後の警察予備隊においては、当初、米軍式の格闘術を教育された。しかし、米軍の顧問団が引き上げた頃から銃剣道や銃剣格闘、そして徒手格闘といった近接戦闘の訓練が、日本人教官の手により実施されることになった。

このようにして、旧軍や米軍の格闘術の影響も受けながら、日本拳法を土台とした自衛隊独自の格闘術が発達していくこととなる。

この際に着用されるのが格闘服である。もちろん、この格闘服は徒手格闘のみならず、銃剣道や銃剣格闘の際にも着用されるが、一般部隊における徒手格闘の訓練は「型」の演練が中心である。そのため、滅多なことでは防具を付けない。防具といっても徒手格闘専用というわけではなく、一般的な格闘技で使用するヘッドギアやプロテクターと同様の物だ。当然ながら全自クラスの試合のみならず、練習試合であっても身体を防護するために着用する。

そして、体操バンドなるベルトである。ベルトというにはかなりゴツい造りで、略刀帯のような外観をしているが。ところでこのベルト、自衛隊体操などの際に着用するわけでもないのに、なぜか体操バンドという名称である。格闘バンドという名称の方がよほどぴったりした名称ではあるまいか？

　まあ、現代戦においては滅多なことで徒手格闘での近接戦闘など起きない、とタカをくっていたら、いざそうなったときに困るのだ。生死をかけて強靭な肉体がぶつかり合う可能性は減少したとはいえ、皆無となったわけではないからである。徒手格闘といえば陸上自衛隊のお家芸と思われがちであるが、実は、海自や空自の隊員も徒手格闘の訓練をしている。近接戦闘における最後の武器、それこそが己の肉体であり、全国２４万人の自衛官は今日も徒手格闘の訓練に励んでいるのである。

79　私物の「ＮＩＫＥ」が定番？　隊員ジャージ事情

　今や世界的なスポーツウェアブランドとして人気の「ＮＩＫＥ」。それは自衛隊でも同様で、隊員が着用する私物のジャージにも多く見受けられる。他のブランドもそれぞれ人気があるが、「ＮＩＫＥ」のそれは一線を画す。とりわけ若年層の隊員からの支持は圧倒的だ。

　航空自衛隊が、現行のペトリオットの一つ前の対空ミサイルとしてナイキＪを使用していたから、陸海空の中で一番「ＮＩＫＥ」ブランドの使用率が多いかは不明だが、隊員にもっとも人気があるブランドであるのは間違いないだろう。

　自衛隊は事務が主体の他官庁と異なり、体育訓練の一貫としての運動《スポーツ》も仕事の範疇である。ラジオ体操より遥かにキツい自衛隊体操や駆け足をはじめ、バレーボールやラグビーなどの球技に至るまで、およそスポーツと定義されるものは一通り実施しているのではあるまいか。こう書くと、「いいよな、自衛隊は。遊びながら給料が貰えて」と思う読者の方もいるだろう。自衛隊が体育会系武装集団と揶揄される所以でもある。

　もちろん、戦技の一貫としての銃剣道や格闘、スキーも重要だが、これらは個人種目でしかない。有事において、自衛隊が組織としての能力を如何なく発揮するためには、隊員相互の団結や協調が重要な要素となる。そして、団結心やチームワークの向上には球技などの団体競技が効果的である。したがって自衛隊では球技などの体育も訓練の一部であり、遊んでいるわけではないのだ。

もっとも、これは自衛隊のみならず警察や消防、海上保安庁でも同様なのだが。ちなみに、旧軍では体育ではなく体操訓練と称し球技も実施していたが、当時の「体操教範」によれば器械体操の方を重視していたようだ。この点は、現在の自衛隊の体育訓練とはかなり異質である。

　このように、自衛隊におけるジャージは各種の体育訓練や体力検定の際に着用される。しかし、戦闘服や作業服と同様、隊員にとってもっとも身近な普段着でもある。さすがにジャージで外出する隊員はあまりいないが、課業外のプライベートでは、皆ほとんど例外なく私物のジャージ姿であったりする。

　さて、このジャージにも官品が存在し、制式名称を74式運動服という。今どき小学生の体育用ジャージですらかなりファッショナブルだが、この74式運動服、お世辞にもお洒落とはいえないレトロなデザインだった。色は明るめのブルーで、上衣はファスナー式、ズボンには黒の足ゴムが付いており、踵に装着するようになっている。

　この74式運動服は新隊員教育隊などで貸与され、教育間のみ着用する物である。したがって、原隊（自分の所属部隊）では着用することはない。そして教育が終わればまとめてクリーニングに出され、次に入校して来る隊員がそれを着用し、何度も着回すことになる。だから、筆者が貸与された物はかなりヨレヨレで、足ゴムがすっかり伸びきってかなり情けない風情であった。

　そんなわけであまりにダサいと隊員から不評であったのと、デザインも陳腐化して時代にそぐわなくなったので、84式運動服と称する改良版が登場した。こちらは多少洗練されてまだマシなデザインとなり、色も無難な濃紺となった。それでも今どきの市販ジャージのオシャレさにはかなわない。

　とはいえ、教育隊などでは服装統一上の観点から、各自の好みによるバラバラの私物ジャージを許可するわけにはいかない。かといって、期別ごとにお揃いのジャージを用意するのも、個人負担となり不経済である。確かに被服としての重要性やその位置付けからすれば、戦闘服などの比ではない。しかし、その官品ジャージを着用する隊員にとっては、たかがジャージされどジャージなのである。

80　金メダルも夢じゃない？　自衛隊体育学校の被服

自衛隊において、体育訓練は戦闘訓練などの各種訓練と並んで重要な訓練の一つである。有事平時を問わず自衛官が任務を遂行する上で、体力・気力・団結心つまりチームワークという三つの要素は必要不可欠だ。そのために、自衛官は毎日のように駆け足などの体力練成に励んでいる。

自衛隊の体育学校は、その体育訓練における指導者の育成と、オリンピックなどの国際競技大会レベルの選手を育成することを目的として、昭和三六年（一九六一）に創設された。そして四〇年以上の長きに渡り、オリンピックなどの国際的に通用する多くの選手を育成してきた。

その競技種目は「陸上」、「水泳」、「柔道」、「近代五種」、「レスリング」、「重量上げ」、「ボクシング」、「アーチェリー」、そして「射撃」の九種目を対象としている。中でも射撃において、一九八四年の第二三回ロサンゼルスオリンピック大会で、蒲池猛夫選手（当時3尉）が金メダルの栄誉に輝いたことは有名である。

自衛隊のお家芸ともいえる射撃とオリンピックなどの国際競技の関わりは古く、昭和三三年（一九五八）に開催された第三回アジア大会では、猪熊幸夫3佐がスモールボア・ライフル競技で金メダルを受賞している。

このように、体育学校が金メダリストを輩出してきたのは事実である。しかし、近年における射撃の国際競技大会において、体育学校出身選手の成績は決して芳しいものではない。これは関係者のみならず、ガン・フリークスを自認する読者諸氏にとっても寂しいことに違いない。

アテネ五輪でも、田澤修治3尉と小西ゆかり3曹（現在は、2曹で予備自衛官）の二名が射撃競技に出場したが、残念な成績に終わった。彼らはわが国のトップレベルの選手であり、その実力からいえばメダルも夢ではなかったと思われる。まあ結果はともかく、まずは御苦労様でした、といいたい。

さて、その彼らが着用している被服であるが、特別な被服を着用して訓練しているわけではない。市販のジャージなどのスポーツウエアに身を包み、射撃競技には必須のイヤー・プロテクターも市販品だ。スポーツ射撃をよく御存知な方は眼鏡のように着用しているアイ・シェードが気になるだろう。これは左目を隠すためのもので、両目を開いてはいるが、よくいう両眼照準をするわけではない。あくまで右目で照準するのである。

ところで、日本のスポーツ射撃はレベルが低いといわれるが本当だろうか？わが国に有能な人材が存在しないわけでもなく、それを発掘して育成できないわけでもないことは、過去の実績が証明する通りである。では、近年の体育学校出身選手の成績が振るわないのはなぜだろうか。

銃刀法で規制されているのが原因という人もいるが、それが決定的な要素なのだろうか？確かに、わが国の銃刀法では銃の所持は厳しく制限されており、散弾銃を継続して一〇年以上所持しないとライフルの所持許可が下りないこととなっている。

さらに拳銃の所持は大変で、ピストルおよびエアピストル競技では所持できる人数制限がある。エアピストルを所持できるのは、約一億三千万人の日本人の〇・〇一%どころの話ではない。人口比にして約〇・〇〇〇四%、全国でたったの五〇〇人だ。競技用ピストルに至ってはもっと少なく、全国でわずか五〇人（！）しか所持できないのだ。しかもその枠は常に一杯だ。新たに所持するには、誰かが引退して銃を返納でもしない限り欠員が出ない。それが出るまで待つしかないのが現状なのだ。そして、そのほとんどが自衛官と警察官で占められている。

しかし、そのような環境にあっても、蒲池猛夫選手はロサンゼルスオリンピックで金メダルを取った。同選手が出場したラピッドファイア・ピストル競技の使用銃はワルサーOSPで、口径こそ22LRだが、もちろん9mm拳銃と同じ「装薬銃」だ。全国で五〇人という所持枠の中から金メダリストが出現したのである。

一般的に、銃規制の厳しい国では、優れた名銃はなかなか出現しないといわれる。英国がそうだ。英軍の採用小銃もFALは別として、現用のL-85に至ってはGIトミーが放り出すくらい不具合の多い銃である。何せ、自国が開発した小銃の不具合を是正できずに、それをドイツのH&K（ヘックラー・ウント・コッホ）社に依頼したくらいで、そのH&Kも匙を投げてしまった感がある。

そして、わが国ほどではないが英国も銃規制の厳しい国で、貴族がキツネ狩りなどの狩猟を楽しむのを別にすれば、一般大衆が気軽に狩猟やスポーツ射撃を楽しめる環境にないという。それでは英国人の射撃レベルが低いかといえば、どうやらそうでもなさそうである。銃規制の厳しい国では優れた銃は出現しないからといって、射撃に秀でた人材も出現しないわけではないのだ。

銃刀法の制約や訓練で消費した弾数、射場など周囲の環境もさることながら、やはり射撃はメンタルなスポーツだ。結局のところ、競技当日の体調や精神安定性がどうであるかといった要素が勝敗の鍵を握るのであろう。射撃競技はまさに「水モノ」であるといえよう。

ところで、数あるスポーツ競技の中でスポーツ射撃というとマイナーでイマイチ盛り上がりに欠ける感がある。自分が参加して撃っている分には楽しいのだろうが、観戦している者にとっては退屈で面白みに欠けるのが原因だろう。何せ、曳光弾でも使用しなければ、観戦者の目に弾道が見えたりするわけでもないし、射撃はメンタルなスポーツである。応援のつもりが射手の集中心を妨害することにもなりかねない。野球の試合のように、「かっとばせ」ならぬ「ぶっぱなせー、〇〇!」といって手拍子するわけにはいかないし、素晴らしいグルーピングだったからといって「ナイス弾着!」と声援を送るわけにもいかない。静かに心の中で選手に声援を送る、いわばゴルフ以上に紳士と淑女のスポーツといってよいだろう。

81　米軍同型、螢マークの官品L型懐中電灯

第二次世界大戦当時、ヨーロッパ各国軍の懐中電灯は箱型の物が多かった。これは帯革と称する装備品を取り付けるベルトに装着して使用する分には問題ないが、手に持って使用するには不便な形状であった。

これに対して、米軍の懐中電灯、いわゆるフラッシュライトはL型となっており、手に持つにも身に付けて使用するにも便利であった。自衛隊は、この第二次世界大戦時に米軍が使用した懐中電燈に酷似したL型懐中電灯を長らく使用してきた。

この懐中電燈はOD色のプラスチック製で、単1電池二個を使用するため少々重い。

自衛隊が使用しているＬ型懐中電灯

本体には、旧軍の懐中電燈にもあった螢マークが刻印されている。電燈だけに、螢マークは旧軍以来の伝統であるといえる。

しかし、この官品懐中電灯は、現在米軍が使用している物と異なり防水性不十分であるばかりか、赤や青あるいは白色といったフィルターも装備されていない。

戦場では、懐中電灯そのままの灯りは遠方からも非常に目立つ。そのため、「これより先の地域では、裸の灯火を使用してはならない」と灯火制限線が設けられることがある。だから、この種の懐中電灯赤にはや青のフィルターが必須である。

灯火管制の下では、車輌はヘッドライトを消して防空灯と称する小さな明りを頼りに走行し、懐中電灯もフィルターを装着して減光しなければならないのだ。特に現代戦ではただ減光しただけではご法度で、最前線より遥か後方で敵の脅威が少ない地域なら別だが、IRフィルター付きのタクティ

カル・ライトが必須となっている。

このように、機能も使い勝手も今一つの官品懐中電灯であったが、すでに生産も終了しており、修理用部品も枯渇してきた。そこで現在では、フルトン社製の米軍官品L型懐中電燈をそのまま輸入して使用しているようだ。米軍の物との唯一の相違点は、通信科物品であることを示す「桜にSのマーク」がプリントされていることである。

この官品懐中電燈、残念ながら予算の制約で個人には貸与されていない。そのため、隊員は私物の懐中電灯を買い求めて使用することになる。今時は、シュアファイア社に代表されるタクティカル・ライトや、かつて流行したミニマグライトを私物として使う隊員も多い。こうした手に持つタイプのライトとは別に、シュアファイアやサイドワインダーといったような、ヘルメットの側面に付ける超小型ライトなども、隊員に人気が高い。とはいえ、一見古臭いL型懐中電灯も安価なものだから、まだまだ使用している隊員がいる。隊内売店のPXでは、米軍のL型懐中電燈同型品が販売されており、サイズも大中小と揃っている。大は単1、中は単2、小は単3電池を使用するようになっており、デザインはそのままで大きさだけが異なる。

特に単3電池使用の物などは、可愛らしいサイズでかさ張らないのはよいのだが、玩具のようで耐久性には劣る。少々大型ではあっても、米軍官品懐中電灯はMILスペックに基づく軍用品である。外見は同じでも、やはりホンモノにはかなわないといったところだろうか。

82 主たる用途は蛇捌《さば》き？ レンジャーナイフの話

陸上自衛隊の数ある教育訓練の中でも、レンジャー訓練は、空挺降下訓練と並んでもっとも過酷な訓練として有名である。睡眠不足と空腹に耐えながら任務を遂行しなければならない。いくら強靭な体力があっても人間であるから、まったくの不眠不休とはいかないので、最終想定訓練でも少しは仮眠できるようだ。

しかし、空腹は堪えるだろう。レンジャー訓練において、蛇を捌いて食うという話はよく耳にする。これは、生存自活訓練として野外での小動物の捕獲や解体要領を会得する際に実際に蛇を食べるそうで、筆者の同期には何人かレンジャー隊員がいるが、口々に「蛇はうまかった」という。

そりゃ焼いて食ったら蒲焼きみたいで美味しそうだが、骨も完全に除去できないだろうし、何よりも、実戦下なら火は

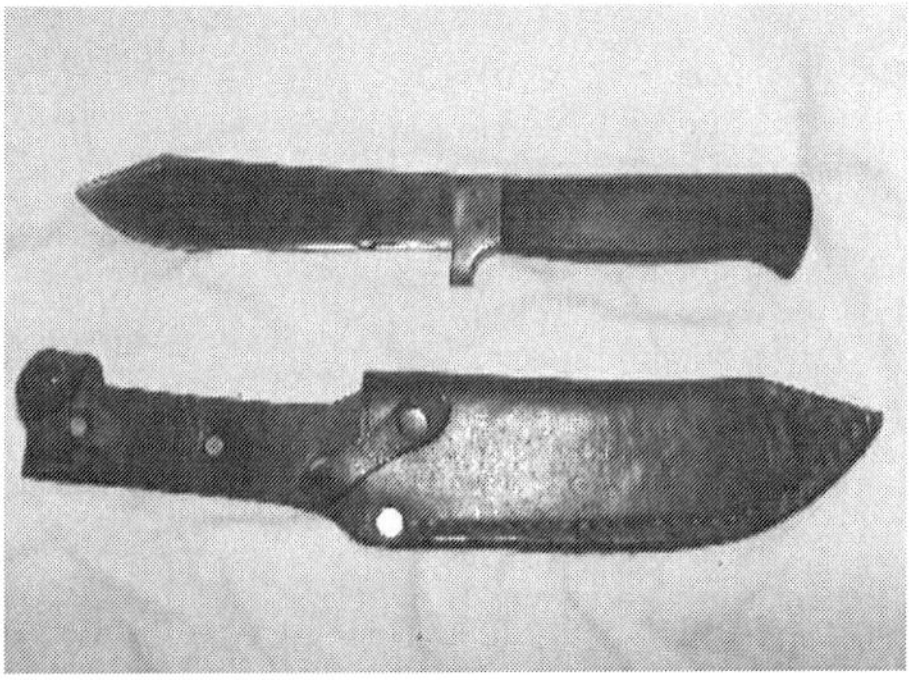

使い勝手はいまいちと言われる自衛隊のレンジャーナイフ

使えないことも往々にしてあるだろうから、最悪の場合生で食うことになる。蛇の刺身が果たしてうまいかどうか？

その蛇を捌く際に使用するのがこのレンジャーナイフである。生存自活セットと称する、いわばサバイバルキットの内容品の一つだそうだが、あまりよいナイフには見えない。実際、使い勝手も今一つだそうで、最近のレンジャー集合教育などでは、教官も学生に対して、ストライダー社のBT2000といった私物のサバイバルナイフの携行を認めているようだ。

これは、米軍などの外国軍と異なり、官品のサバイバルナイフに満足な物が存在しないからでもあるのだが、実に情けない限りである。わが国は、古来より高品質の刀剣類を生産してきた。現在では、国産の優れたカスタムナイフを元自衛官が製造販売している時代である。このようなカスタムナイフは個人で購入できるとはいえ、本来なら、官品としてそのようなサバイバルナイフを用意して然るべきではないかと思う。

もっとも、今の自衛隊ではサバイバルナイフどころか、ポケットナイフすら官品として支給できないくらいだから、逆に自分の使用目的に合った物を私物で準備する方が、かえって実用的かも知れないが。

83 映画にも登場した山岳用手袋

自衛隊が登場する映画といえば、読者諸氏はどんなタイトルを思い浮かべるだろうか。「ゴジラ」や「ガメラ」シリーズなどの特撮モノや「宣戦布告」がお馴染みであろう。ただ、これらの作品では自衛隊はあくまで脇役として描かれている。

シリアスな作品には、航空自衛隊が全面協力した織田裕司主演の「ベストガイ」や、古くは「戦国自衛隊」が有名だ。この内、「戦国自衛隊」は自衛隊が主役の映画としてはもっとも有名であろう。

現在でこそ、自衛隊の部隊や艦船がタイムスリップするという設定の小説やコミック、映画といったエンターテイメント作品も珍しくはないが、当時はかなり新鮮であった。

しかし、自衛隊の全面協力が得られなかったため、約八千万円を投じてリアルな61式戦車を作製するなど、涙ぐましい努力の末に完成した映画でもある。役者の着用する迷彩服や作業服こそ米軍の流用だが、装具や階級章、缶メシなどの小物に至るまで、自衛隊の払い下げ品を効果的に活用していた。ただ、残念なのはパイロットの階級が一等陸士であったり、部隊の階級構成などの考証に正確性を欠いていたことである。

この「戦国自衛隊」に自衛隊の山岳手袋が登場している。千葉真一扮する伊庭三尉がヘリから吊るされて、反乱を企てた部下の哨戒艇に対して攻撃するシーンで使用されている。

山岳手袋とは通称で、正式な品名は「手袋、登山用」という。隊員がよく使用している革手袋は、PXで自費購入する物であり、官品ではないのである。数少ない官品の手袋である。長野県は松本に駐屯する第三〇普通科連隊は、いわゆる山岳レンジャーの教育訓練を実施していることで有名だが、その訓練に使用する手袋なのだ。

この手袋、山岳訓練はもちろんのこと、ヘリコプターからの懸垂降下にも使用される。いわゆるリペリング降下である。空挺隊員や普通科部隊の隊員ならば、誰でも一度や二度は使用したことはあるだろう。

そのため通常の革手袋と比較し、耐摩耗性など、かなりの耐久性が要求される。革自体もかなり厚手となっているばかりか、掌部分の革が二重に補強されている。かなりゴツい革手袋といった印象である。通常の作業に使用する、隊内のPXで販売されている革手袋では、たちまちの内に擦り切れてしまい火傷や負傷の原因となるため、ロープ訓練などには不向きなのだ。

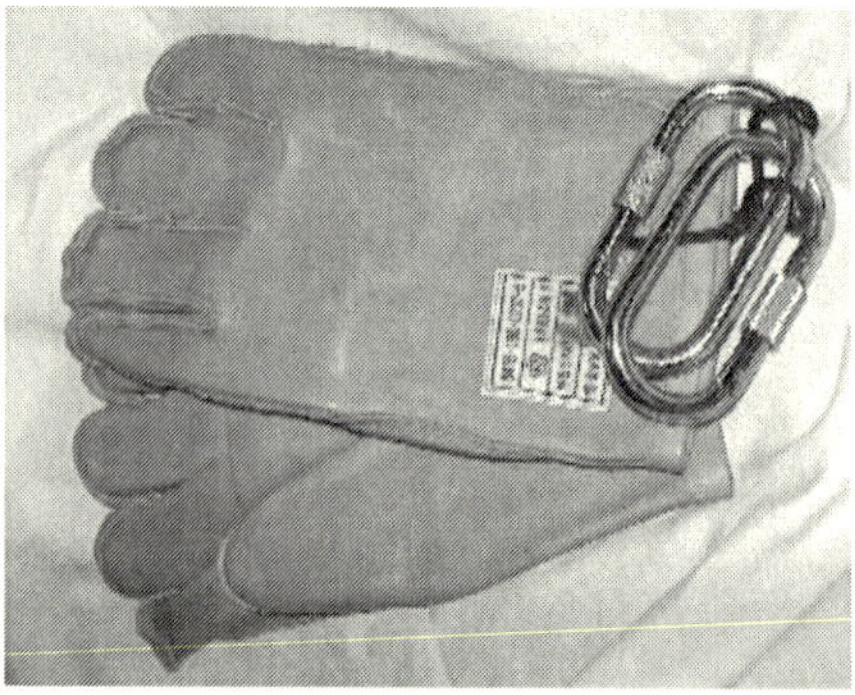

正式名称は「手袋、登山用」という山岳用手袋

ただ、この手袋は耐久性などの機能面では問題なかったが、その色は問題だった。実戦下で黄色は目立つ。訓練時の安全管理上、視認性を重視しているためなのか、色は黄色のみしか存在しなかった(現在はOD色の物が登場している)。

84　男子隊員も野外でメイク？　自衛隊のカモフラージュ

ドーランは元々演劇業界の用語だそうだが、自衛官が野外における偽装に不可欠の物である。隊員個人の偽装のためには新迷彩の戦闘服があり、その上衣の背面には草木を差し込むことができるようになっている。従来の迷彩服では別に偽装網を必要としたことに比べれば大きな進歩といえよう。しかし、顔などの露出した肌の偽装も忘れてはならない。その際に必要なのがドーランである。

米英軍ではフェイス・ペイントと称しているが、自衛隊ではドーランと称する。このドーラン、PXでは数種類が販売されており、中でもカネボウが自衛隊向けに開発した物は「カモフラージュ・メイク」なる粋な商品名である。いかにも女性自衛官にウケそうなネーミングが秀逸だが、中身もたいしたものだ。

プラスチック製の容器を開けると、緑褐色、茶褐色、黒色などの数色の顔料がそれぞれの色ごとに仕切られており、なおかつ蓋の内側が鏡になっている。他に透明なチューブ入りの専用クリーナーも用意されていて、セットで使用する。

他社の物には、米軍や英国軍のようなスティックタイプも存在する。これは、全長十cmほどで棒状の物で、その両端のキャップを外すと別々の色となっている。色は六色が存在し、直接顔や手肌に擦り付けるようにして塗るのだが、体温で柔らかくなるわけではないので少々塗りにくいのが難点か。また、鏡も別途用意しなくてはならず、車輌のミラーなどを活用するしかないだろう。

偽装時に顔に塗るドーラン

ところで、顔を偽装する場合、鼻などの凸部は暗めの色を用い凹部は明るめの色で塗るのが一般的である。また、対ゲリラ・コマンドゥ対処作戦などでは、味方識別および相撃防止のため、縞状に塗ることもある。とにかく顔の偽装は以外と難しく、いいかげんに塗ると偽装効果も半減する。

WAC（女性の陸上自衛官）などの女子隊員は、顔の偽装がさぞかし上手かと思いきや、ところがそうでもないらしい。どこの駐屯地や基地にも、スッピンだとカワイイのにメイクした途端にバケモノ、いや失礼、別人となってしまう女子隊員が一人はいるというが、その理由も分かるような気がするのは筆者だけであろうか。

85　夜間斥候の必需品「抜き足・差し足・防音装置」

よほどの自衛隊マニアであっても、防音装置という語句を見聞きするのは初めて、という方は多いだろう。「装置」などというと何やら物凄い器材を想像する読者諸氏もいそうだが、何のことはない、単なる紐である。

夜間においては人間の聴覚が鋭敏となるため、夜間の戦場では些細な物音でも発しないように、防音に色々と創意工夫することになる。

ベトナム戦争時、南ベトナム政府軍のある部隊などは、戦場に家族や食用の鶏を帯同した上、ラジオを付けたまま行軍していた。音楽や鶏の鳴声などで騒々しい上に、私語も構わずに無警戒で行軍していたため、共産軍のアンブッシュ《待ち伏せ》の前にあっさりと全滅してしまった。このように、日中でもそうだがとりわけ夜間の戦場においての防音は重要である。

さて、古来より「抜き足、差し足、忍び足」というように、夜間に静粛な行動するのはもちろんだが、自身の装具や被服が音を立ててしまっては意味がない。この防音装置、服の衣ずれにより音が発するのを防ぐための物なのだ。自衛隊の作業服や戦闘服は、女子用を別にすれば上衣もズボンもテーパードとなってゆったりした造りである。だから、上衣の巣袖やズボンの太腿部分などの生地が余ってダブつき、歩行の度に擦れて音を発するわけだ。この衣ずれの音を防止するのが防音装置である。

この幾重にも交差した紐を上衣の腕やズボンの腿部に結び付けて防音を図るのだが、これは官品ではなくPXで各自が購入する物である。米軍のズボンのカーゴ・ポケット内には、腿部の防音のための紐があらかじめ収納されているが、自衛隊の戦闘服などのズボンにはこのような配慮はなされていない。

自衛隊の任務も対ゲリラ・コマンドゥにその比重を重きに置きつつある昨今、夜間における防音は重要である。今からでも遅くはないので、新迷彩の戦闘服ズボンのポケットに装備しては如何だろうか。

86 脱落防止とは？　銃剣止めの話

読者諸氏の中で、キャンプあるいはサバイバルゲームのフィールドで、物を紛失した経験のある方も多いことだろう。同様に、現役もしくは元自衛官であるという方の内、演習場で私物や官品を紛失した経験がある者もおられることだろう。

流石に官品を紛失した方はそうはいないだろうが、私物を紛失した経験は筆者にも多々ある。ジッポーライターやポケットナイフの類いがそうであった。

野外で物を紛失するというのは、自分の荷物管理が悪く、どこに収納したのか忘失するのではなく、身に付けた物を落とすことにより紛失する場合が多い。

ジッポーライターはともかく、ポケットナイフなどは、脱落防止のため紐で結んで専用ポーチに収納すれば、紛失する可能性は低くなる。自衛隊の官品装具においても同様に、野外では、紐などで脱落防止の処置をするのが慣習となっている。

装具以上に脱落防止の処置に気を使うのは、武器の類いである。米軍も小銃の脱落防止をまったくしないわけではないが、あちらのM-16は、テイクダウン・ピン一本で野戦分解が可能である。それに対してわが国の場合、64式などは諸外国の物と比較して部品点数も多いばかりか突起物が多く、ネジ止めしている部分は脱落する恐れがある。いくら64式小銃の構造そのものに問題があるとはいえ、自分の不注意で部品をなくしたでは済まされない。

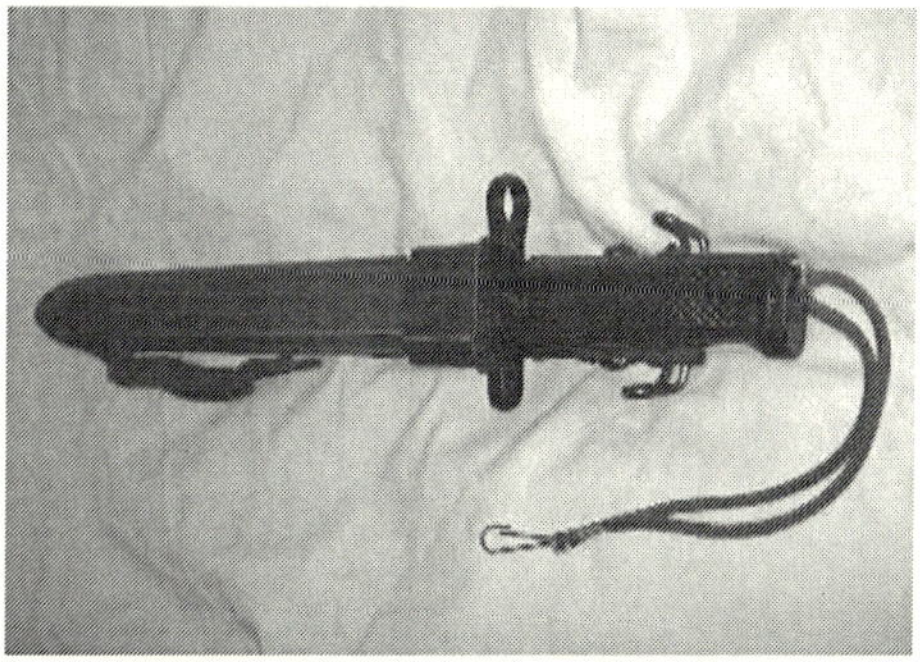

落下や紛失防止のために結び紐（銃剣止め）がついているポケットナイフ

89式小銃が普及してからも、64式よりも大分部品の脱落は減ったものの、やはり部品の脱落は皆無ではない。かくいう筆者は、64式はもちろん89式小銃の部品も落としたことはないが、89式小銃の銃剣先端部に取り付けるための「鉄線鋏《てっせんきょう》カバー」というプラスチック製の付属品を落としたことがある。幸い、訓練後の捜索で発見されて事無きを得たが、冷や汗三斗の思いであった。

そこで、演習前に銃の結合部などを、金属部分の反射防止を兼ねてテーピングする。もちろん、この際銃の作動に支障をきたさぬように注意して作業する。通常は、黒色のビニールテープを使用するのだが、これがまた艶があるために光を反射して遠方からも非常に目立つ。

現在でこそ、ＰＸでは米軍用の迷彩テープや艶消しビニールテープが販売されているが、筆者の若かりし頃はそのような物は販売されていなかった。そこで、せっかく処置をしたテープが損傷しないように気をつけながら、目の細かい紙ヤスリで艶をなくす加工を施したりしていた。

銃剣の場合も同様で、銃剣の鞘も金属部分の反射防止を兼ねてテーピングする。剣鞘の下部にある紐は、本来ブラつかないように大腿部に固定するための物だが、使用頻度が低いのと突起物への引っ掛かり防止を兼ねてテープで固定する。そして、銃剣そのものを紛失しないように「銃剣止め」という紐を使用するわけだ。

この銃剣止め、環状になった太さ約三ミリのナイロン紐なのだが、この両端部に金具が付いている。金具の一方を弾帯の鳩目穴に装着し、もう一方の金具は銃剣本体に装着する構造になっている。

これで紛失することはまずないだろうが、いざというときに即座に着剣できないようでは意味がないのではなかろうか。現代戦において、銃剣などを使用した近接戦闘の機会は減少したかも知れないが、ベトナムやフォークランドでの例を挙げるまでもなく、皆無となったわけでもない。

実際の白兵戦では、円ぴなどの軍用スコップを使用して殴り合うことも多い。ところが、現在の三つ折り型の携帯シャベルでは瞬時に取り出して展張できないし、何よりも小型化されている。格闘手段としては、小銃に着剣した方が即応性からいっても長さからいっても、よほど合理的だといえる。平時有事を問わず脱落防止は重要だが、即応性が損なわれたり機能発揮に支障をきたすのでは本末転倒ではなかろうか。

87 GPSよりコイツが頼り？ 磁石レンズ付

アウトドアで使用するコンパスを、日本語では方位磁針と称する。そして、製図などに使用する円を描く文具もコンパスである。自衛隊ではそのどちらも使用するが、北の方向や方位角を求めるのに使用するコンパスを、単に「磁石」と称している。

一般的に、どこの国の兵士であっても、野外では自己の現在位置を常に掌握している必要がある。そこで、地図上に現在の地点を求めることになるのだが、そのためには、まず「北の方向」を知らねばならない。

北を求める方法としては、古来より太陽や星などによる天測が一般的であり、船舶の基本的航法として現在もなお有効だ。「〇時の方向、敵機！」などというように、太陽と時計、影によっても概略の方位は分かるが、天候によっては概略の方位すら分からない場合もある。そしてコンパスの出番となる。北の方向が分かれば自己の正対している方角が分かり、地図と併用することで現在地点を求めることが可能となる。

現在はGPS全盛の時代で、ハンディータイプの物がアウトドア用として普及している。中には軍隊で用いるUTM（ユニバーサル・メルカトール）座標に対応している物まで存在し、実に便利である。しかし、これらは電源を確保できなくなれば使用できないし、そもそもGPSは米国の開発したシステムである。わが国が、独自にGPSやガリレオ計画のようなシステムを構築できない以上、これに頼らざるを得ないとはいえ、コンパスと地図は測位の基本でもある。いざとなれば、コイツが頼りなのだ。

さて、NATO軍やロシア軍などは、いわゆるシルバー・コンパスという、ハイキングにでも使用するようなタイプの物を使用しているが、自衛隊の場合は米軍のコンパスを範としている。自衛隊の磁石には、国産の「磁石レンズ付」と米軍のM-2コンパスを国産化した「JM-2コンパス」、「磁石腕巻」が存在し、一部の部隊は未だに米軍供与のM-2コンパスを使用している。JM-2は純国産ではないため、「磁石、JM-2型」とは呼称せず、コンパスという品名を用いているよう。

「磁石レンズ付」は、米軍のレンザティック・コンパスを範として製作された国産品で、同様の物はPXやミリタリーショップでも市販されており、筆者も私物で所有している。このコンパスは、一般アウトドア用品として海外へ輸出もされている。「磁石腕巻」とはいわゆるリストコンパスで、コンパクトであるが機能的には磁石レンズ付やJM-2コンパスなどには及ばない。磁石レンズ付同様、類似品も市販されている。

個人的には、磁石レンズ付が一番使い勝手よいと思っているが、これは耐久性の点で今一つである。官品は割と丈夫なようだが、PXで購入した私物品は品質にバラつきがあるのか、筆者の所有していた物は目の高さからアスファルト舗装の地面に落とした程度で破損してしまった。

その点、JM-2コンパスは多機能かつ頑丈で、落とした程度ではまず破損しないのだが、大型で少々かさ張るのが難点か。筆者は、その昔米軍放出品のM-2コンパスを新品で購入したが、演習場の不整地を走行中の73式大型トラックの荷台上から落とし、すれ違った74式戦車に踏まれて破損してしまった。いくら頑丈なコンパスといえども、象どころか戦車に踏まれてはひとたまりもない。後悔しきりである。

88 双眼鏡に照準眼鏡、自衛隊の個人用光学器材

偵察・監視・観測は、軍隊にとって敵状を知る上で、欠かすことのできない重要な任務である。そのもっとも基本的な手段は「目視」である。各種センサーやレーダーの発達した今日であっても、兵士自身の「目」がもっとも基本的なセンサーであることには変わりがない。米軍兵士がいうところの「アイボール・Ｍｋ１」がそれである。

電子的手段の未発達な時代には、軍艦の見張り員や航空機搭乗員は驚異的な視力を誇っていたが、それは訓練の賜物であり、一般の兵士の誰しもがそのような能力を有していたわけではない。しかも、人間の目はときとして誤認もするし、観測可能な距離にも限界がある。そこで、肉眼を補うために用いるのが双眼鏡などの光学的手段である。

自衛隊の個人用光学器材とはいってもそのほとんどが部隊装備品であり、隊員一人一人に貸与されるわけではないのだが、本項では隊員個人が使用する器材であるので、ここに紹介をする。

まず、もっとも多用される光学器材といえば、双眼鏡であろう。7倍双眼鏡は、何十年もモデルチェンジされずに現在も使用されている。収納ケースも、これまた旧軍時代の物と変わらぬ茶革製で首からブラ下げるスタイルである。この7倍双眼鏡、戦闘職種であれ後方職種であれ、ほとんどの部隊で装備されているだけに、そう珍しい物ではない。珍しいといえば、航空部隊などが装備している防振眼鏡であろう。これは、正式な品名を「像安定眼鏡」と称し、電源を入れるとジャイロが起動する構造となっている。ヘリコプターなどの航空機に搭乗して観測・偵察するために使用する双眼鏡で、航空機の振動によって、鏡内の目標像がブレないようになっているのだ。

防振技術自体は、今どき家庭用のビデオカメラなどにも標準装備されているくらいであるから、珍しいものでもないだろう。しかし、自衛隊では航空部隊などの一部の部隊にしか装備されていない。そういう意味では珍しい装備なのだ。

この像安定眼鏡、官品とはいってもニコンやキヤノンといったメーカーの市販品に銘板を付けただけにすぎない。だから、眼鏡本体のボディーも黒の耐衝撃ラバー製で、ＯＤ色ではない。

では、一般市販品でない光学器材には、どのような物が存在するか。例えば、64式小銃用の照準眼鏡は防衛専用品とし

て開発された物で、市販として存在する物ではない。この照準眼鏡、市販品こそ存在しないが複製品は存在する。数年前、玩具の64式小銃電動ガンのオプションとして販売されていたので、御存知の方もいるだろう。複製品とはいえ、実物にかなり忠実な形状であった。

　複製品はプラスチック製であったが、実物の照準眼鏡は金属製のボディーで防滴仕様となっているそうだ。倍率は8倍で、照準眼鏡としての精度などについてはまあまあのようである。64式小銃への装着は、専用のマウントを銃本体の左側面に固定した上で、これに装着するようになっている。

　筆者は普通科部隊の隊員ではなかったので、これを装着しての小銃射撃を一度体験してみたいと現役のときは常々思っていたが、実現できぬままに自衛隊を去ることになり、非常に残念であった。

89　現代戦に必須！　待望の個人用暗視装置

　闇を制する者が現代戦を制する、とよくいわれるように、夜間戦闘装備の充実度は、現代戦の勝敗を決定付ける重要な要素である。かつては航空優勢下にない軍隊は、戦場における機動は夜間に実施する他はなかった。

　ところが、現代では湾岸戦争に見るように夜間戦闘装備の発達と普及によって、夜間でも軍隊の機動は困難な時代となった。もし、充分な暗視装置などの夜間戦闘装備を持たない軍隊が、質・量とも我に勝る夜間戦闘装備を有した敵軍に待ち伏せ攻撃でもされたらどうなるか。多分、戦闘は一方的となり、伏撃された側の軍隊が全滅することもあるだろう。かつての日本軍が得意とした隠密夜襲攻撃もそうであったが、攻撃側であれ防御側であれ、敵を発見する前に我が発見されてしまっては意味がない。

　もはや二〇年以上前の出来事ではあるが、フォークランド紛争においてもそうであった。さすがに部隊は全滅こそしなかったが、意外と充実した夜間戦闘装備を有していたアルゼンチン軍に対し、英国軍は相当苦戦した事例がある。当時の陸上自衛隊普通科部隊がこれと交戦でもしていたら、部隊は全滅していたかも知れない。それほどまでに、夜間戦闘装備は現代戦に必須なのだ。

　さて、冷戦構造が崩壊し、自衛隊の戦闘訓練の比重も野戦から市街戦などのゲリ・コマ対処へとシフトしてきている。ここに至り、自衛隊にもやっと待望の個人暗視装置が配備されだした。

　自衛隊も、従来からこの種の装備をまったく保有していないわけではなかったが、装備数も少ない上に重量や性能の点で満足のいく物ではなかった。また、ほとんどの隊員もこれらの装備の重要性を今一つ認識していなかった。だから、隊員個人が私物としてボーナスをはたいて高価な暗視装置を購入しようものなら同僚隊員から「マニア」と呼ばれたりしたものだった。

そして冷戦が終わり、かつて軍用の暗視装置などを製造していたロシアなどのメーカーが、民生用の安価な暗視装置を市販し始めた。個人では手の届かなかった軍用暗視装置も小型軽量かつ高性能の物が登場し、価格も下がってきた。民生品の第一世代パッシブ型暗視装置なら二〜三万円で入手できる時代であり、まさに隔世の感がある。

その暗視装置だが、従来の自衛隊は「JGVS-V3」と称するゴーグル型の物と、小銃に装着する照準眼鏡型の「75式微光暗視装置」を主として用いてきた。前者は車輛の夜間行進時に操縦手が装着したり、歩哨の監視などには適しているが、激しい動作を伴う戦闘行動には適していない。また、後者は性能的な面はともかく、もう少し軽量・小型である必要がある。

その点、自衛隊が新たに調達した個人用暗視装置および照準具は、かなり小型・軽量で信頼性も高い。まず、個人用暗視装置は米軍でも採用しているAN／PVS-14同等品で、単眼式の物である。「JGVS-V8」という名称で、米軍のAN／PVS-14を日本電気が国産化したものだ。第三世代の増幅管が使用されているのは間違いなく、解像度も申し分なさそうだ。また、使用とき以外には目の上にはね上げておくことが可能である。もちろん、不意にフラッシュライトを浴びせられたり、照明弾などの強烈な光源を目にしても、増幅管が簡単には焼き付かない構造となっているようである。

また、照準具はいわゆるレーザーサイトで、これまた米軍のAN／PAQ-2の同等品である。89式小銃の銃身上にマ

両眼タイプの暗視装置、JGVS-V3。日本電気が製造しているもので、米軍のA/N PVS-5と同型

米軍のAN/PAQ-2の同等品である照準具（レーザーサイト）

ウントして使用する物だ。恐らく不可視レーザー仕様で、個人用暗視装置との併用が、運用の前提となっているのだろう。マウントさえ別途用意すれば、64式小銃にも装着しての使用が可能と思われる。

従来、この種の器材が不足していた自衛隊だが、今後は調達数をもっと増やし、普通科部隊のみならずすべての戦闘職種に配備していただきたいものである。

90 弾薬箱と弾薬にまつわるコワ～い話

一口に弾薬箱といっても、木製の物から金属製まで弾薬の種類に応じてさまざまな形状の物が存在する。米軍払い下げの金属製弾薬箱は、大中小のサイズがミリタリーショップで販売されており、読者諸氏にもコレクションしている方はいるだろう。

この金属製弾薬箱、弾薬を入れて野外で携行するための物と思われているが、実はそうではない。元々は、単に弾薬を梱包するための防水性包装容器にすぎないのだ。米軍の場合、かつての30-06や308口径の弾薬を例とすれば、二〇発入り紙箱が二四個づつ金属製弾薬箱に収められ、それが三つ木製弾薬箱に入っている。これを帯封した合計一四四〇発で一ロットとなる。

自衛隊の場合も一ロットの数量こそほとんど変わらないが、二重の弾薬箱に梱包されているわけではない。これに対し、米軍では本来包装容器にすぎない金属製弾薬箱だが、流石の米軍も使い捨てにするのは勿体ないので、弾薬携行用容器として使用されるようになったのだ。

さてこの金属製弾薬箱、防水性があるため弾薬以外に整備用工具を入れたりと、実に重宝する。ベトナム戦では、この中にドライアイスを入れ、何と遺体の一部を運搬するのにも用いられたという。ベトナム戦時の沖縄では、米軍から払い下げられた金属製弾薬箱の中に、腐敗しかけた手首が入っていたとか、殺害したベトコンから削いだ耳が山ほど入っていたとかいう類いの話が多々あった。

筆者はかつて、日米共同訓練に参加した米海兵隊のヘリコプター、CH-46シーナイトの船舶積載作業の研修に参加した。自力で飛んで行って強襲揚陸艦に着艦するのではなく、チャーターした貨物船に搭載して帰国するというのである。港には、積載前の機体が鎮座していたので、米軍機付長の許可を得て機内の見学をさせて貰った。

キャビン内には女性物のパンツが吊るされており、まず仰天。聞けばフライトの安全を祈願するお守りだという。そしてキャビンの奥には金属製弾薬箱があった。筆者は、その中に何が入っているのか非常に気になった。米軍のことだから、意外な用途に使用しているのでは、と思ったからだ。

米軍の黒人機付長に中身を尋ねると、「開けてもいいが、多分後悔するぞ。そいつはパンドラの箱だからな。」とニヤついている。多分ビックリ箱のように、バネ仕掛けで何かが飛び出して乗員以外の搭乗者を驚かせるのだろう。いかにもジョーク好きの米軍らしいが、そんな物で驚くかと思いながら蓋をあけると……。

「うわっ！」

筆者は思わず叫んでしまった。何と、それは便器代わりのオマルだった。米軍の機付長がいった通りの結果となったのだ。いくら多用途に重宝するとはいえ、本来とはまったく異なる使い方をされるとは、弾薬箱も気の毒なものである。

91 回収率100％？ 世界に類を見ぬ「薬きょう受け」

「たまに撃つ　弾がないのが　玉に傷」とは隊員の有名な川柳である。あまりにも有名な川柳なので、読者諸氏も一度は見聞きしたことがあるだろう。これは、いうまでもなく、自衛隊の備蓄弾薬どころか訓練用弾薬すら少ない現実を皮肉ったものである。

昔から、自衛隊の備蓄弾薬はかなり少ないのでは、というのが部外の識者間では半ば定説となっていた。冷戦時代には、北海道への小規模かつ限定的な着上陸侵攻に対する陸海空それぞれの自衛隊の継戦能力を日数で表して、空自はD＋2日とか、陸自はD＋7日だとかいっていたくらいである。また、そもそも北海道侵攻なぞあり得ない、裏日本侵攻こそ現実的だという意見もあった。

しかし、この部外識者の見積もりもかなりいい加減であったようだ。なぜなら、彼我の状況によって弾薬の消費量は増減する。浮動状況下ならなおさらである。スペツナズなどの特殊部隊による破壊活動に対しての弾薬庫の抗堪性をも加味すれば、かなり数字的に違ってくるのではなかろうか？　今思えば、何を根拠に計算したのだといいたいが、自衛隊の備蓄弾薬はそう多くはないのは読者諸氏の想像にも難くないだろう。

ところで在日米軍には、陸海空の自衛官一人当り約二〇〇万円ものいわゆる思いやり予算が計上されている。そのカネで米軍は湯水のごとく弾を撃ち、余れば余ったで演習場に穴を掘ってそれを遺棄して行く。演習中に穴を掘っていて、その遺棄した弾薬を発見したという話は元自衛官の体験記などで御存知の方もいるだろう。腹立たしいのは、空包だけでなく実包まで遺棄して行くことだ。それに対し、自衛隊は訓練用弾薬も充分とはいえないのにも関わらず、である。

だから、自衛隊の小火器実弾射撃では薬莢を可能な限り回収し、再使用しているのも御存知かと思う。個人で銃の所持許可を受け、標的射撃や狩猟をしている人ならば、薬莢をリローディング・ツールという器材を使用し再使用している人もいる。しかし、この場合再使用しているのは組織ではなく個人である。一部の国を除いては、諸外国では軍隊組織が薬莢を回収して再使用することはまずない。韓国軍も薬莢回収するようだが、わが国のように１００％回収ではないようだし、ヘルメットを使用して薬莢を受け止めるそうだ。先進国で薬莢を回収しているのはわが国だけであろう。さすがに発射された弾頭までは回収して再利用することはないが、実に涙ぐましい。

ちなみに銃器類について解説した書籍で空薬莢《からやっきょう》という記述を見かけるが、「撃殻薬莢《うちがらやっきょう》」が正しい。それを略して殻薬莢と称するのである。

ともかく、自衛隊の射撃に際し活躍するのが薬莢受けである。これには大別して、その形状から俗に「蝉取り」と称するタイプと銃本体に装着する袋状の物がある。前者は、ほとんどが訓練係や補給係の隊員によるハンドメイドで、屋内外の基本射場で使用する。後者は主として演習など野外での、移動しながらの空包射撃などに使用する。

一般的に射撃というシーケンスにおいては、現代の自動小銃も機関銃も、抽筒子《エキストラクター》という部品が撃発後の薬莢を蹴り出し、構造上概ね一定の範囲に薬莢が飛ぶようになっている。銃の種類にもよるが、世界の主要な小銃などでは右斜上方に薬莢が飛ぶ物が多い。わが国の64式小銃も同様である。

そこで、射手の右側に位置した隊員が、蝉取りが小銃などの右斜上方に位置するように保持する。この際、蝉取りを銃に近づけすぎると射手の照準の邪魔となる。そうかといって銃から遠ざけると薬莢の受け損ねが続出するはめになり、薬莢受けの意味がない。

え〜い、それでは面倒だ。俺は面《つら》の皮も厚けりゃ手の皮も厚いってんで、いっそのこと素手でキャッチしたら……火傷するのがオチである。まあ、たまに見当違いの方向に飛ぶ薬莢もあるが、この薬莢受けのお陰でほぼ１００％の回収率を誇っているのだ。

92 「空砲」ではなく「空包」発射補助具

ブランク・アダプターというモノを御存知だろうか。米軍の演習時の写真を見ると、M-16小銃などの先端に普段は見かけないオレンジ色の物が装着されている。銃砲に詳しい読者の方にはいまさらとは思うが、日本語でいうならば空包発射補助具である。空包は、野外訓練などで「音」により「射撃を現示」するための専用弾である。

空包は、米軍の物のように弾頭部分が星形をしていたり、自衛隊の物のように先端が細長くなっている。実包と異なるのは外観だけではなく、発射薬の特性そのものが異なるため、空包を使用してガス・オペレーティング方式の小銃を作動させるためには、専用のアダプターが必要となるわけだ。

そこで、自衛隊の訓練においても空包を使用する際は、64式小銃であろうが89式小銃であろうが、そしてM２重機関銃であろうが空包発射補助具を装着することになる。これは、各中隊などの武器係が管理している物であって個人装備ではないのだが、個人が使用する物であるからここに紹介することとした。

たまに、軍事雑誌などで「空砲」と「空包」を混同して記述しているのが散見される。ちなみに一般的にいう空砲とは、実弾頭の発射を伴わない銃砲の射撃行為を意味し、弾自体は「空砲」ではなく、「実包」に対しての意味として「空包」と表現するのが正しい。

ところで、外国映画などで使用されるステージ・ガンも空包を使用する。実銃がベースであるから当然なのだが、これにはブランク・アダプターが装着されていない。これは、外観上そぐわないという理由で、銃本体が改造されているためである。これに対してわが国の映画界では、銃刀法の制約により実銃の空包が使用できない。そのため、「電着銃」なるステージ・ガンが使用されてきた。空包の代わりに、花火を電気着火しているような代物である。迫力不足は否めず、実銃ベースのステージ・ガンとは比較にならないのが残念である。

さて、では空包発射補助具の実際の使用法とは如何なるものか。まず銃に装着するのは当たり前だが、これは簡単。64式小銃の場合を例とすれば、小銃先端部の「消炎制退器」を外して付け替えるだけである。専用工具の必要もなくドライバー一本で作業が可能だ。

本来ならば、ドライバーなどの工具を用いることなく取り付け作業ができなくてはならないと思うのだが、そもそも64式小銃の構造上、消炎制退器がネジ止めされているから、これは仕方がない。

そして、忘れちゃならぬのが前項で述べた「薬莢受け」である。訓練用弾薬が少ないのは何も実包だけでなく、空包も同様である。だから、屋内の射場であろうが演習場であろうが、薬莢を回収しなければならない。薬莢受けは必須アイテムなのだ。もちろんこの場合は、銃本体に装着する袋状のタイプの方を使用するのだが、これも装着は簡単である。薬莢受けを銃に装着したら、後は訓練で発射するだけ……、と、いいたいのだが、ここで小銃の「規整子」の位置を確認しなければならない。

規整子とは、小銃の銃身上部に位置するガス圧調整用のツマミである。64式も89式もガス・オペレーティング方式の小銃であり、規整子が付いている。64式や89式のモデルガンなどを所持されている読者諸氏は御存知のことであろう。その規整子には大中小三つの穴があり、銃身上部に穴の大きさを示すマーキングがある。規整子を回してそれぞれの穴の大きさに合わせることにより、ガス筒内へ入る撃発時のガス流量を調整できる。実包と空包では、発射薬の燃焼速度が異なるから、それぞれの場合によって規整子を最適な位置に合わせる必要があるわけだ。

筆者にも経験があるが、これを忘れると、遊底の後退量不足によりセミ・オートにならず、フル・オート射撃のつもりで引金を引いても、セミ・オートになってしまったりする。普通科部隊など以外で景気よくフル・オート射撃ができる唯一の機会、それが空包による対空戦闘訓練である。方面隊レベルの演習では、想定上の戦況を現示するため、仮想敵として空自の戦闘機が飛来することがある。我が展開地に対地攻撃をするという想定だ。

現代の攻撃機などを、小銃で撃墜するのは非常に困難である。しかし、明らかに我が展開地の位置を承知で攻撃してくる目標に対しては、部隊の有する全火力をもって撃墜に努めなければならない。末端の部隊では携帯地対空ミサイルなど保有していないから、M2重機関銃と共に各自の小銃で弾幕を構成して、対空戦闘を実施するしかないわけである。

現代は、精密誘導兵器によるスタンド・オフ攻撃が当たり前の時代である。悲しいかな、実戦下では対空射撃の機会もなく、一方的に攻撃を受けるはめになりそうだ。

93　自衛隊の各種小物あ・ら・か・る・と

89式小銃用の空包発射補助具。写真のタイプは、市街地戦闘訓練で用いるもの。身体に密着させるほどの零距離射撃をしても、負傷することがなく安全なことから、通称「ゼロ・アタッチ」と呼ぶ

米国は世界の警察官を標榜し、平素はその強大な軍事抑止力によって睨みを利かせ、ひとたび国際紛争が勃発すればこれに直接あるいは間接的に介入し、軍事力の行使も辞さない。介入された紛争当事国にとってはお節介以外の何物でもないのだが、だからといってこれを放置するわけにもいかない。国際社会の秩序維持なくしては、もっと世界が混乱する。それを防止することが可能な、世界唯一のグローバル・パワーを有した国が米国であり、米国は、自国の国益のためにも国際社会の安定に腐心しているといってよい。

それがため、米国は常に臨戦体制で世界に睨みを利かせ、事あれば世界のいかなる地域へも軍隊を急派可能な能力を有している。その体制を維持するには膨大なカネが必要だ。米国の軍事費はわが国の国家予算に匹敵するほどで、まったく桁が違うのである。

その世界一予算に恵まれた米軍は、眼鏡のフレームから耳栓、ハンカチといった小物の類いに至るまでが兵士に支給される。自衛隊では個人が自腹で購入するようなこれらの小物は、消耗品でもあり単価も安いとはいえ、全軍に交付するともなればその金額も馬鹿にならない。

とはいえ、自衛隊の場合はこういった小物ばかりか、部隊識別帽や制服の略帽も自費購入であったりするのだから、予算的に恵まれているとはいいにくい。何しろ、もっと重要な装備を調達するのにも苦労しているほどである。

従来の防衛予算は正面と後方に区分され、「正面」では文字通り正面装備、つまり戦車や戦闘機、艦艇などといった装

備品の調達に使用され、「後方」では駐屯地の隊舎の施設整備や弾薬の取得に使用されてきた。この正面と後方の区分が廃止されるそうだが、実に喜ばしいことである。

とはいえ、これによって戦車の調達を一輛削ってその浮いたカネで個人用暗視装置を大量調達する、というように予算の付け替えが簡単に可能となるほど単純には行かないだろう。しかし、従来より柔軟な予算編成が可能となるだろうから、ある意味一歩前進であるといえる。

さて、自衛隊の各種小物についてだが、前述の通りそのほとんどが自腹で購入する私物品か、隊員がカネを出しあって部隊がまとめて購入した物である。警笛や耳栓はごく一般的な物で、民生品と大差はない。珍しいのは職種マフラーであろう。これは、旧軍でもそうであったように、普通科は赤、特科は黄色（正確には山吹色だが）など職種によってそれぞれ異なる、いわば兵科色を配したマフラーである。自衛隊観閲式で見かける隊員の首に巻かれた奴である。

そして、ポケットナイフ。諸外国軍、とりわけ欧米では、どんな小国もポケットナイフくらいは官品を支給しているが、悲しいかな自衛隊では自腹でスイスアーミーなどの私物を用意するのである。かつては小学生なら誰しも肥後の守をポケットに忍ばせていたくらいなんだから、ポケットナイフくらい支給してほしいと筆者は思う。

94 通称「バッカン」、食缶および各種食器の話

その昔、白米を「銀シャリ」と称した。今ではすっかり耳にしなくなった言葉である。御年配の方にとっては懐かしい響きの言葉であろうが、若い方には馴染みの薄い言葉である。

現在でこそ白米の御飯が当たり前で、麦を若干混ぜて炊いた御飯はヘルシーだといわれているが、昔は麦飯が普通であった。旧軍の食事は麦飯ならまだ上等で、その色合いから紅飯と称した高粱（コーリャン）を混ぜた物はかなり不味かったという。

日本が貧しかった頃の百姓は、高粱どころかヒエや粟まで食していたというが、流石に現在の飽食大国ニッポンでは人間様の食する物ではない。旧軍の食事はそれほど不味かったのかと、今は亡き祖父に何度か聞いてみたことがある。

ところが、祖父にいくら聞いても「ワシは召集されて、陸軍の電気技術兵となった。一選抜で上等兵になった」とか「フィリピンで「ろ獲」した米軍の電探を、高射砲に据え付ける作業が任務だった。その高射砲がB-29を撃墜した功績で、伍長にしてやると隊長に褒められた」とか「初年兵のと

き、同期の不始末をかばったら古参兵に往復ビンタを食らって散々な目にあった」などと、一番よかった思い出である自慢話と、一番嫌であった思い出の話しかしないものだから、軍隊の食事の質がどうであったかは結局聞けなかった。

まあ、味はともかくとして、旧軍の食事は麦飯であったのは事実のようで、戦時中の体験を綴った兵隊の手記にもよくその記述が散見される。旧軍では、野外においては飯盒炊爨《さん》が当たり前であったが、兵営での食事は調理された温食を食缶に分配し、それを初年兵が内務班に運搬した物を食器によそって食べた。この運搬に用いられた食缶を「バッカン」と称した。麦飯を運搬するための缶ということで、麦缶（バッカン）と呼称するようになったのだろう。現在の自衛隊でも旧軍ほどではないが、白米に若干の麦を混ぜていることもあってか、旧軍用語である「バッカン」が通称というか俗称として使用されている。

自衛隊で使用している食缶は個人装備ではないが、隊員個人と関わり深い物である。正式な品名を配食缶と称し、用途によって飯用、汁用、菜用の三種類に大別される。これらは食堂で使用するか野外で使用するかおよび容量により、さらに1～3号に区分されている。また、飯だけでなく汁用にも使用可能な「兼用1号」や、これらの機能を集約した「セット1号」という物が存在し、野外で使用される。

これらの食缶は、把手の付いたステンレスもしくはアルミ合金製でOD色の塗装がなされ、ゴムパッキンにより運搬時に中身が漏れることがないように配慮されている。

では自衛官は、これらの食缶で運搬した食事をどのような食器に盛り付けて喫食しているのだろうか。陸自や空自では、食堂喫食においては飯わん、汁わん、メインディッシュ用としての菜皿、小鉢、小皿、柄なしでシンプルなコップに、ステーキなどをよそう際に使用する洋皿の計七種類と、これを載せる盆が使用されている。

昔は学校給食でも使用されたアルマイトの食器は、さすがにとうの昔に姿を消して、現在の食器はポリカーボネートやメラミン樹脂といった素材である。この食器、従来は無地のアイボリーもしくは白で味気なかったのだが、数年前から絵柄付きの物が登場し、少しオシャレとなった。筆者は、軍隊の装備などには装飾性など一切不用と思っている実用性第一主義者だが、一般的には、無地よりは絵柄付きの食器の方が食も進むというものだろう。

次いで海上自衛隊の食器だが、こちらは艦艇内での使用を前提としている点が異なる。ローリングやピッチングなどの動揺により各々の食器が散乱しないように、仕切りのある一枚のプレート状の食器となっているのだ。材質はステンレスで無塗装、正式な品名を「食器盤」と称し、基地の食堂でも用いられている。

海上自衛隊では、毎週金曜日（昔は土曜日）に海軍カレーを喫食するのが伝統となっている。筆者も海自の艦内や基地内で何度か喫食したが、これで食べるカレーの味がまた格別なのだ。読者諸氏も海上自衛隊に体験入隊し、一度は美味なカレーを味わってみてはいかがだろうか。

95　ジープの後部《ケツ》にゃ忘れちゃならぬ携行缶

73式小型トラック、いわゆるジープは米国メーカーの商標であるが、読者諸氏にももっとも身近で馴染み深い軍用車輌としてあまりにも有名だ。三菱パジェロをベースにした、新型の73式小型トラックがデビューして久しく、「官品パジェロ」あるいは単に「パジェロ」と俗称されている。隊員によっては、このパジェロをジープと呼んだりするほど、小型軍用車両の代名詞ともなっているほどだ。そのジープの後部には必ずといってよいほど予備の燃料携行缶が備えられている。これは個人装備ではないのだが、隊員個人と関わり深いためあえて紹介をする。この燃料携行缶、ジープに限らず自衛隊のトラックなど、官用車のほとんどに備え付けられている。もっとも、駐屯地や基地司令の足である黒塗りセダンの市販型車輌には搭載されない。この燃料携行缶を米軍では通称ジェリカンと称し、自衛隊では単に携行缶と称する。金属製のゴツい造りで、約二〇リットルの容量がある。

通常、演習に出発する前には車輌の燃料を満タンにするから、ジープの航続距離からいってもよほどの長距離機動でもなければ、途中でガス欠となることはまずない。しかも、訓練計画の立案担当者も綿密な見積もりを実施するから、そもそも燃料に余裕のなくなるような行進自体を作成しない。しかし自衛隊の官用車は、一般道を走行中に燃料補給するからといって民間のガソリンスタンドを利用するわけにはいかない。なぜなら、その場で役務上の契約が困難なためでもあるし、自己完結性を旨とする軍事組織が民間に補給を頼るのにも問題があるからだ。したがって、ジープの後部には携行缶は必須ということになっている。

しかし、燃料満缶の携行缶も、「蛇管」と称する管を装着しないことには給油ができない。手動式のポンプを使用しても給油は可能ではあるが、蛇管を装着し携行缶を傾けての重力を利用した給油の方が迅速に給油できる。だから、この蛇管も必須で、携行缶とは常にセットで車輌に搭載している。

筆者が3曹の頃、訓練検閲における長距離機動の際、高速道路のサービス・エリアに立ち寄ったときのことである。各車ともまだ残燃料には余裕があったが、小休止を兼ねて全車が給油することになった。

ところが、いざ給油しようとしたところ、蛇管を駐屯地に忘れてきたのに気付いた。さらに悪いことに、このようなときのために車輌に常時搭載しているはずの手動式ポンプまで忘れて困った。

訓練状況中でもあり給油後直ちに出発するというので、燃料補給が完了した他の車輌から蛇管を借りて給油していたのでは、到底出発時刻に間に合わない。しかも地上部隊指揮官車の操縦手だったため、一番最初に出発準備を完了しなければならない。助手席に鎮座する副隊長は、そんな筆者の状況を知ってか知らずか平然と腕組みをしている。

そこで、止むを得ず売店から手動式ポンプを購入し、慌てて給油しことなきを得た。今となっては現役時代の失敗談として笑って話せるが、あのときは結構焦ったものだ。

96　旧軍譲りの巻脚絆、いわゆるひとつのゲートル

第二次世界大戦当時に各国軍で使用していたブーツは、現在のコンバットブーツよりも丈の長い物が主流であった。わが国ではそれを長靴と称し、そのほとんどは紐なしで、主として将校が使用していた。これに対し、兵卒が着用したのは踝《くるぶし》が隠れる程度の紐付きショートブーツで、米英ではアンクルブーツと称し、わが国では単に「軍靴」と呼称した。

当時のドイツ軍は、階級に関わらずジャックブーツと称する長靴を交付していたが、戦局の悪化に伴って物資が不足するにつれ、下士官・兵に対してはアンクルブーツを交付するようになった。ブーツの丈が短くなることで、革が節約できるからである。

敗戦間際のドイツは、各種の戦略物資がかなり不足してはいたが、国民突撃隊には対戦車ロケットであるパンツァーファウストまで装備されていたし、残り少ないとはいえ弾薬や燃料もまだあった。

これに対してわが国は、敗戦間際ともなると充分な装備はもちろんのこと、燃料や弾薬も満足になく枯渇といっていい状態であった。何しろ、本土決戦とはいっても国民に交付す

る小銃もなく、竹槍が関の山であったくらいで、パンツァーファウストのような対戦車火器を準備するなど夢にも等しかった。

だから敗戦直前ともなると、地方の部隊では草鞋履きの兵卒や、継ぎはぎ補修した兵用の九八式軍衣袴を着用した将校の姿も見られたほどだった。当然、軍用皮革も不足し、代用皮革の研究もなされた。牛や馬、山羊といった革の代用として鮫や鯨の革までが用いられたが、これらは民生品ならともかく、軍用としては耐久性などの面で不向きな代物であった。

このように、アンクルブーツは枢軸軍のみならず米英などの連合国軍でも広く使用されたが、その着用に際して足首を保護するために脚絆《きゃはん》を必要とした。脚絆には、ぐるぐると足に巻き付ける「ゲートル」と、スパッツ状の覆いである「レギンス」の二種があった。前者は旧軍でも使用していて「巻脚絆」と称されていたし、後者は警察の機動隊や空自および海自の警衛勤務でも使用されている。

レギンスの方は革バンドで固定する方式のため、装着は簡単である。これに対しゲートルを緩まないで巻くにはかなりの演練が必要である。筆者は未だにこれがうまく巻けないのだが、後輩のある防衛庁技官は旧軍装備でサバイバルゲームをしていることもあって、緩まずに巻くことができる。これはたいしたものだ。

ミリタリー関係のイベント会場で見かける完全軍装の旧軍マニアでも、これが弛んでいる者を目にすることがある。せっかく自慢の軍装に身を包んでも、足下がキマらないようでは、コスプレの意味がない。コスプレーヤー失格である。ただ、今どきの若者で、脚絆を上手く巻けるというのは珍しいのではなかろうか。

さて、敗戦とともに絶滅したかに見えた脚絆であるが、何と戦後も使用されていた。初期の警察予備隊ではレギンス型の脚絆をしていたが、保安隊に改編されてからは米軍同型の2バックル型ブーツが交付されるに及んで使用されなくなった。それに対して旧軍時代の巻脚絆、いわゆるゲートルはいつ頃復活したのかは定かではないが、自衛隊となってからも施設作業服装に用いられてきた。品名は、ズバリ「ゲートル」。

筆者の手元にある物は昭和三七年（一九六二）に調達されたもので、材質は恐らくウールとスフの混紡のようである。どうやら、OD色の米軍供与SFRP原反生地を使用して造られた物のようだ。

施設科部隊は、渡河作業などで水に浸かることが多い。その際は、このゲートルを巻いてズボンの裾を締め、滑りにくいように地下足袋を履いて作業をする。そしてこの地下足袋にも官品が存在する。旧軍の工兵も足指の割れていない軍用の地下足袋を多く使用していた。自衛隊の地下足袋は、農作業用と同じように足指が二股となっているものである。

そして、これらを着用したうえ、必要に応じて特殊手袋を着用する。この手袋は厚手のビニロン製で、手の平側は革となっており、有刺鉄線を扱う作業で使用する。このようなスタイルで作業するわけである。

戦後、旧軍の消滅とともにその役目を終えたかのように思われていたゲートル。ところがどっこい戦後の自衛隊でも生きていたのである。

97 傷は浅いぞ、しっかりしろ! 野外衛生救急装備

「衛生兵! 衛生兵!」「傷は浅いぞ、しっかりしろ!」。戦争映画によくある台詞である。読者諸氏の中には、実にワンパターンだと思う方もいるだろう。

確かにそうなのだが、戦場において傷病者を励ますのは非常に重要だ。なぜなら、本当に傷が浅くとも、ショック症状となれば死亡することもあるからである。傷病者に「俺は死なない、死ぬものか」という生存への執着というべき気力を維持させることが大切なのだ。

だから、本人が負傷の程度を知りたがっても、馬鹿正直に傷口を見せたりしてはいけない。だが、これが瀕死の重傷であったらもっと始末が悪い。まさか映画の傭兵のように、今すぐ楽にしてやるといって頭に鉛弾をブチ込むわけにもいくまい。

そこで、可能な限りの救命処置をして後は衛生兵に委ね、後送することになる。米軍では、ファースト・エイド・ドレッシングつまり救急包帯は一個を身に付け、もう一個はラックサックに収納している。さらに、ファースト・エイド・キットも個人装備に含まれている。その点、自衛隊では個人装備には救急包帯一個しかなく、二ケ所以上を同時に負傷したらお手上げである。また、止血はできてもそれ以上の処置はできない。

医療の未発達な近代以前の戦争では、被弾しただけで、部位にもよるが失血死する場合も多かった。そのことを考えれば、止血できるだけでもマシというべきか。もっとも、負傷の程度によっては、現代の米軍でも衛生兵に頼らなければいけないが、最低限、自衛隊もモルヒネと硫酸アトロピンなどの自動注射器くらいは個人装備とすべきである。

なにせ、一昔前は自動注射器そのものをほとんど保有して

いなかったし、現在でも普段は厳重に管理しておき、有事となってから緊急交付するらしいが、隊員本人が使用できないのでは意味がない。まあ、薬事法を改正して「自衛隊においては摘要除外」とすればよいのだが、果たして何年掛かることやら。

　このように、「戦闘救急品袋」は単なる包帯入れにすぎなかった。しかし、平成二五年（二〇一三）ごろから新型が登場して、ＣＡＴ（Combat Application Tourniquet の略）止血帯などが入って中身が充実した。ＣＡＴ止血帯は隊員個人が携行するもので、負傷部位よりも心臓に近いところを縛って、出血を止めたり最小限に止めるために使う。冷戦時代どころか、一九九一年の湾岸戦争時まで、米軍にも第一線部隊全員分の止血帯はなかった。特殊部隊を別とすれば、衛生兵しか装備していなかったのだ。それが現在では、各国の歩兵が個人携行するようになり、自衛隊でもようやく普及しつつある。

　この新型の救急品袋は、米軍のファーストエイド・キットに似ており、「一般用」と「国際貢献用」が存在する。後者は、中身が一段と充実しており、単なる包帯入れではなくなったのだ。もっとも、米軍のファーストエイド・キットと比較すれば、まだまだ内容品は貧弱なのだが、それでも第一線における死傷者がいくらかでも減るだろうから、少しは進歩したといえよう。

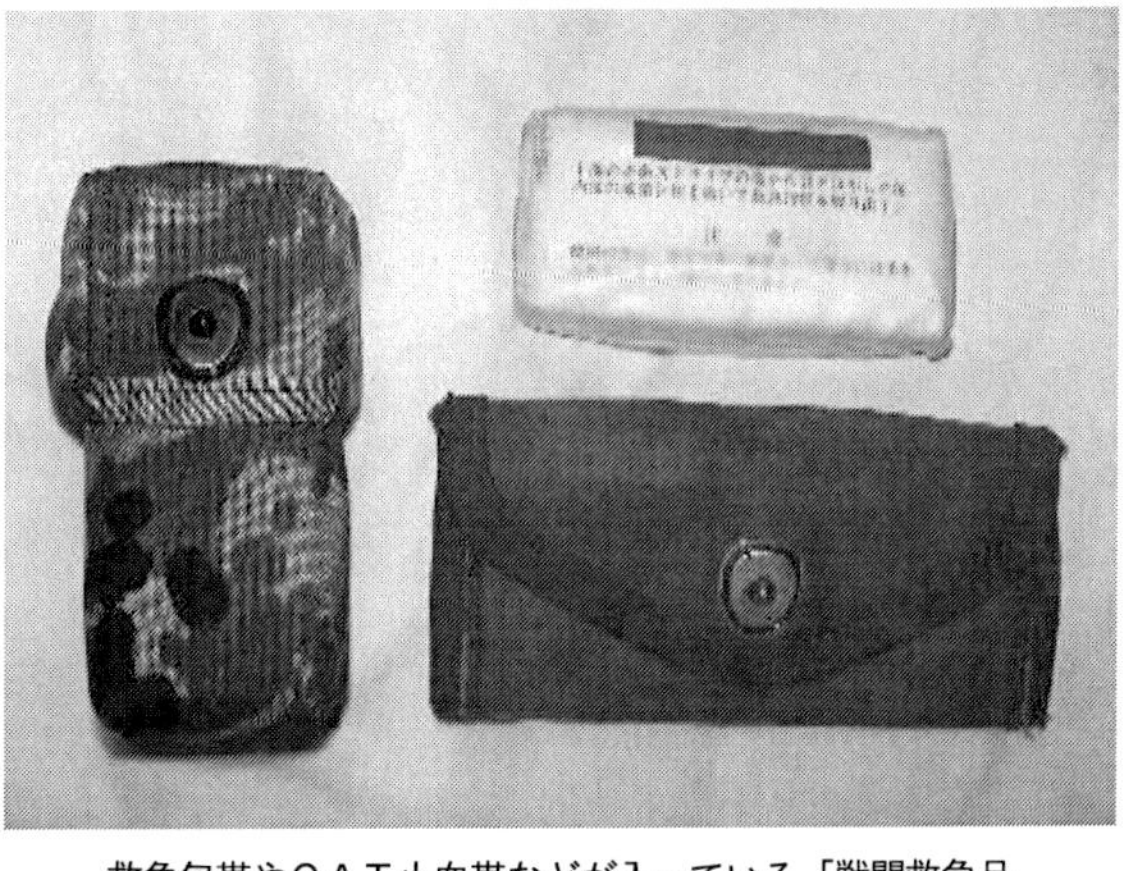

救急包帯やＣＡＴ止血帯などが入っている「戦闘救急品袋」

　さて、陸上自衛隊の衛生科隊員が携行する野外衛生救急装備として、「医療のう」という救急バッグが存在する。女性のショルダーバッグより一回り大きな片掛け式のバッグである。この中に、救急包帯はもとより消毒液やら止血帯やらさまざまな救急用品が入っている。家庭用救急箱の内容品に毛が生えた程度の物ではあるが、野外において、救急包帯一個しか持ち合わせていない隊員個人にとって、これほど心強い装備はないだろう。

98　官品サングラスとは？　自衛隊の各種眼鏡

一口に眼鏡《がんきょう》といっても、双眼鏡もあれば照準眼鏡もある。本項でいうところの眼鏡とは光学器材としての眼鏡ではなく、顔面に装着する方の眼鏡である。ひと昔前までは、官品に「防塵眼鏡」すら存在せず、部隊単位で業者から市販品を購入したり、隊員個人が私物として準備したりという状況であった。

防塵眼鏡は、野外行動の際に埃から目を保護するための必需品である。特に陸自の航空科部隊では、ヘリコプターを野外で運用する。その離着陸時において誘導にあたる整備員は、回転翼（ローター・ブレード）の吹き下ろす強烈なダウン・ウオッシュとそれにより発生する飛散物に耐えなければならない。

筆者は当初、部隊が装備していた市販品の防塵眼鏡を使用していたのだが、これがすこぶる具合の悪い代物であった。昔の英国スタイルのゴーグルで、レトロ感覚で格好はよいが、実用性に問題があった。視野が狭いだけでなく、そもそもメガネの上から着用するのが困難であった。しかも通気穴もないので、一度曇ったらその都度外して曇りを除去しなければならなかった。

そこで、筆者はサバイバルゲーム用の透明なゴーグルや米軍のM-１９４４型の官品ゴーグルを購入し、私物の防塵眼鏡として使用したりもした。現在でこそ、戦闘装着セットの内容品として米軍のM-１９４４同型の戦闘防塵眼鏡が存在するが、当時は、たかが防塵眼鏡すら市販品を使用しなければならなかったのである。

さて、次は官品の航空サングラスと航空用ゴーグルである。これは、航空操縦士つまりパイロットが使用する物である。戦後わが国は航空兵力の保有を禁じられたが、数年の空白の後、保安隊時代に航空部隊が復活することとなった。L-19や21といった観測機を米軍から供与されての再開であったが、当時のパイロットの装備は革製の飛行帽で、航空眼鏡と呼ばれたゴーグルやサングラスが必需品であった。航空眼鏡は、旧軍の鷹の目型と称されたタイプを参考にした物で、官品の航空サングラスは米軍のサングラスを真似たデザインであったが、どちらも本家のオリジナルに比べると今一つのデザインであったそうだ。

これらは昭和三〇年代まで使用されていたようが、その後、現在のようなバイザー付きの航空ヘルメットが普及するに至り、この官品サングラスやゴーグルも現在は姿を消している。

99　クロノグラフにダイバーズまで！　官品腕時計

クロノグラフであれダイバーズウォッチであれ、現在でこそ当たり前に市販されているが、この種の特殊用途の腕時計は元々軍隊の要求によって生まれた物である。そもそも、同時刻に多数の兵員が一斉に作戦行動をする軍隊にとって、現在時刻を掌握し意志統一を図るのは極めて重要である。

精密機械工業の発達によって時計が量産されるようになり、近代の戦争においては、列強各国の軍隊では各級指揮官が懐中時計を携帯するようになった。当時は腕時計はまだ普及に至らなかったが、第一次世界大戦頃の各国軍においては時計がかなり普及していた。

ところが、列強各国の中ではロシアは例外であった。第二次世界大戦時においてすら、下級将校はもちろん、中隊の指揮官級ですら時計を所持していない者がいた。このため、通常の作戦命令では「連隊は、一三〇〇（イチサンマルマル）をもって突撃発起する」と時刻を明示して作戦行動の斉一を図るべきところを、時刻の代りに信号拳銃による発光信号をもって命令を下達することもしばしばあったという。彼らにとって時計は支給される物ではなく、敵から略奪しなければ入手できない貴重な物であったのだ。

しかし、たかが時計とはいえども、それを全軍の末端兵士に至るまで支給するのは簡単なことではない。米軍は、ベトナム戦争時にディスポウザル・ウォッチ、つまり使い捨ての時計を兵士に支給したが、米国の国力あってこその物であったといえよう。この使い捨て時計、数社により量産されたが、プラスチック製のケースに手巻き式のムーブメントを収めた物で、当初から分解修理が可能な構造にはなっていなかった。つまり、故障した時計はオーバーホールの修理をしないで破棄し、代りに新品の時計を補給するのだ。何とも贅沢である。

そして、俗にGIウォッチと称する米国の軍用時計といえば、ベンラス、ハミルトン、ウォルサムといった蒼々たるメーカーが製造を請け負っており、英国の軍用時計と並んでなかなかの品質である。もちろん、現在の米軍の腕時計には、ハック機能と称する秒針規正機能が備わっている。

ところで、クロノグラフといえば、「月へ行った腕時計」としてオメガ・スピードマスターが有名であるが、世界の中小国空軍にはこれが意外と人気がない。ブライトリング社の「ナビタイマー」シリーズとその派生型を採用している国の方が多いようである。

自衛隊では、全隊員に腕時計を支給する余裕がないとはいえ、空自と海自のパイロットに対しては官品の国産クロノグラフを支給している。自衛隊のパイロットが使用する私物のクロノグラフは、陸海空ともまったくバラバラで、「ブライトリング」であったり「タグホイヤー」だったりと、個人の好みが実に多様であることを示している。これは、陸海空の一般隊員についても同様である。これに対し海自の一般隊員は、私物の腕時計としてカシオの製品を好む者が多いようである。

陸自の普通科隊員にはハミルトン社のミリタリーウォッチをしている者も見かけるが、海自や空自ではまず見かけないし、若年隊員ほど私物の腕時計に装飾性より実用性を求める傾向にあるようだ。

だからといって、階級相応のステイタス性を腕時計に求めるような高級幹部は少ないようで、筆者の勤務していた駐屯地の「お偉いサン」も安物（失礼！）の腕時計をしていたので意外だった記憶がある。質素な生活を旨とする自衛官に、ロレックスは似合わないのだ。

筆者が所有していた空自のクロノグラフはセイコーの物で、裏蓋に空自の官品を示す「桜にウイングマーク」とシリアルナンバーが刻印されていた。海自の物も同様に錨マークが刻印されていて、こちらはシチズン製であった。どちらもクロノグラフとしては一般的な機能とデザインの物で、特筆するようなことはない。

続いては、海上自衛隊の水中処分隊などで使用されている官品のダイバーズウォッチを紹介しよう。これは、カシオの市販品をベースに特注した物らしく、裏蓋に錨マークこそないが「海上自衛隊」と刻印がある。シリアルナンバーが刻印されていたかについては記憶が定かでないが、ケースはカシオの市販品とほとんど同一形状である。

100 体を服に合わせろ？ 自衛隊被服の号数とは

号数、これは世間一般には聞き慣れない言葉だろう。現在のわが国では、被服のサイズはＪＩＳ規格によるＳ、Ｍ、Ｌといった英語標記によるものが主流だからだ。婦人服でも号数によるサイズ分類をしているが、男性にはなじみがない。それに婦人服の場合は、「7号より9号の方が大きい」などというように、数字が大きくなるに従いサイズも大きくなる。

自衛隊の被服も、婦人服同様、号数によるサイズ区分をしている。しかし、自衛隊の場合は号数が大きくなるにしたがってサイズは小さくなっていく。婦人服とは逆である。また、特号とかSS号という自衛隊独自のサイズも存在する。通常、制服を除けば、自衛隊の被服サイズは大きい方から順に特号、1号、2号……と小さくなっていくが、小さいといってもせいぜい6号くらいまでである。自衛隊の採用基準で最低身長が決まっているので、小さいサイズの方は問題ない。問題なのは、大きいサイズの方だ。

筆者は現役自衛官だった頃、2号の作業服を着用していた。市販の成人男性の既製服ならLサイズ相当だろう。これが1号ならLLで、特号なら3Lというところか。では、特号でもサイズが合わない隊員はどうすればよいのか。旧軍なら「身体を服に合わせろ」というところだが、それは物理的に無理である。大は小を兼ねるかも知れないが、その逆はあり得ない。

サイズが合わないときは、オーダーメイドで自衛隊の補給処が作ってくれる。それがSS号という特別サイズなのだ。補給処の縫製技術はあなどれない。昭和五六年（一九八一）、大相撲の二代目若乃花関が、一日師団長として練馬駐屯地を訪問したことがあった。この際に着用する超特大サイズの制服も、実は補給処があつらえた物だったのである。

現代の自衛隊では、制服こそ男女で異なるが、戦闘服や作業服は男女兼用となっている。それで不都合はないのかといえば、やはりサイズなどの問題が生じている。

現在の陸上自衛隊では、「戦闘服、迷彩2型」が使用されているが、女子隊員が着用する物は7Aとか7Yといったような小さなサイズだ。それでも、女性の体形に合わせてデザインされた被服ではないから、上衣はともかくズボンのサイズがダブダブで、ゆとりがあるどころか大きすぎて、逆に動きにくく見栄えも悪いのだという。男子隊員の場合、服のサイズで問題になることはあまりないそうだが、女子隊員はそうもいかないようだ。

米軍もウッドランド迷彩になってから、男女兼用のデザインとなったが、やはり女性特有の体型に合わずに問題となったという。そこで現在のマルチカム迷彩では、女子用の物を用意したそうだが、自衛隊でも同様にすべきだろう。

101　陸は桜で空は鷲、海上サンは錨のマーク

最近では、祝日に国旗を掲げる家庭を目にする機会も減った。国旗や国歌の強制は軍国主義の復活に繋がるとして、学校教育の現場で国旗や国歌を否定し、現在も反対し続ける人

々が存在する。

それにも関わらず、運動会などでは万国旗が堂々と飾られているのはどういうわけだろうか？　装飾としての国旗ならいいが、国家の象徴としての標識ならば容認できないというつもりなのだろうか？　このような人々の思考は筆者には理解しがたいものがある。

いくら否定しようとも、現在の国際社会通念上、国旗や国歌は太陽が東から昇るごとくあたりまえに存在するものである。内戦が契機となって新しい国家が誕生すれば新たに国旗が制定されるのも、実に自然で当たり前のことなのだ。国旗も国歌もない主権国家は存在しないのである。

さてその国旗だが、世界を見渡せば実にさまざまな種類の国旗が存在することが分かる。日の丸のようにシンプルな物や、複雑な図柄と多色の色彩で構成されている物まで多岐に渡る。

図柄に関していえば、その国の象徴ともいうべき動植物を配した物が多く見られるのが興味深い。ラウンデル、つまり軍用機の国籍マークも同様で、オーストラリア空軍の物はカンガルーをあしらった図柄で非常に分かりやすい。

そして、各国軍において帽章に使用されているシンボルマークも、これらと同様もしくは準じたデザインとなっている。これは大抵の場合、陸海空でそれぞれ異なったデザインである。各国の陸軍では星をあしらった物が多く、わが国の旧陸軍でも同様であった。空軍はどうか。これも米国をはじめ鷲をモチーフとした物が多く、何から何まで米軍式からスタートした航空自衛隊も同様である。海軍の場合は多くの国で錨をシンボルに用いているが、これは万国共通といってよいだろう。

ところが、海上自衛隊の前身である海上警備隊のシンボルは、「うみたか」であった。陸上自衛隊のシンボルも、警察予備隊創設時から使用していた鳩が長年使用されてきた。それが昭和四五年（一九七〇）の被服改正に伴って現在の桜となった。海上自衛隊のシンボルが、旧海軍同様の錨に変更されたのもこの年のことである。

警察予備隊や海上警備隊の創設は昭和二〇年代のことであり、当時はまだ厭戦気分抜けきらずといった感があったから、平和のシンボルである鳩や、旧海軍色を払拭するためにうみたかが採用されたのだろう。それが昭和四五年（一九七〇）ともなれば、もはや戦後ではないといわれてから大分経過したこともあって、改正に踏み切ったというのが真相ではなかろうか。

102　まさにハイテク・ソルジャー？　先進装具システム

ＩＴ、ロボティクス・テクノロジー、バイオ・テクノロジー。二一世紀の世は、まさにハイテク時代である。軍隊においてもＲＭＡ（軍事における革命：Revolution in Military Affairs）という名の革命が進行中なのは、読者諸氏も御存知のことであろう。

先進各国は、兵士レベルのデジタル化を実現するべく研究開発中で、米軍のランドウォリアーなどはすでに完成の域に達し、イラク戦争にも、デジタル化された第四歩兵師団が投入された。

これにより、兵士間での情報の共有、双方向におけるリアルタイムでの情報伝達および命令下達が可能となった。これは、最前線の後方に位置する上級部隊の指揮官が、指揮所内に居ながらにして、状況が手に取るように把握できることをも意味する。

例えば、最前線で交戦中の兵士がその目で見ている様子が、ＣＣＤカメラの映像として指揮所でも見ることが可能となっているわけだ。現在の自衛隊にも映像伝送システムは存在するが、何分大掛かりなシステムで、器材も大型で準備にも時間を要する。これが、隊員個人の装備するシステムで実現するようになる。部隊長は、隷下部隊を従来より柔軟かつ統合的に運用することが可能となったのだ。

まさにハイテク・ソルジャーなのだが、一〇年前頃は「近未来歩兵」といっても安っぽいＳＦ小説のイメージがあったものだが、ここ数年で各国も開発に本腰を入れ出したこともあり、それがにわかに現実味を帯びてきた。

米軍のランドウォリアーをはじめ、その発展型ともいえるＯＦＷ（オブジェクティブ・フォース・ウォリアー）計画や、フランス軍のＦＥＬＩＮ計画ばかりか、ドイツ連邦軍も同様の物を開発中である。

わが国も、そうした諸外国の趨勢を睨んで「先進装具システム」を開発することとなった。防衛庁の技術研究本部の第一研究所を中心として開発することとなったようだが、二〇〇七年からの本格開発着手とはいささか遅きに失した感がある。もっとも、米軍が第一世代のランドウォリアーを実用化した頃から基礎研究自体はしているようなので、これから研究開発をスピードアップさせればよいだろう。

さて、この先進装具システム、諸外国のシステムと基本的に同一で、ＣＣＤカメラや暗視装置、ディスプレイ表示装置といった物をヘルメットにマウントし、通信システムを内蔵、それらを駆動するバッテリーとＧＰＳ、野戦用携帯コンピューターを防弾チョッキに内蔵する構造である。

「防衛省のガンダム」として話題になった先進装具システムは、エイシスと略称されるが改良が進み、平成二七年（二〇一五）現在でほぼ完成の域に達している。アニメのガンダムとは似ても似つかないもので、自衛官が操縦する二足歩行型巨大ロボットではないし、パワード・スーツですらないが、隊員間をネットワークで結んで、情報共有することで敵に対して有利な戦いができるようになる。先進装具システムの開発において、もっとも技術的困難が予想されるのはシステムの軽量化であろう。バッテリーの持続時間を重視すれば重量が増加するし、逆に軽量化のためにバッテリーを減らすのでは本末転倒だ。

「防衛省のガンダム」こと、先進装具システム（エイシス）を着用した隊員。まさに陸自版ハイテク・ソルジャーである

また、バッテリーを防弾チョッキに内蔵するのであれば、被弾しても人体に影響を及ぼさない構造にすべきだし、内蔵とはいっても、容易に取り出せて修理交換できるようでなければならない。だから、従来のリチウムイオン・バッテリーではなく、ここはやはり燃料電池を採用するべきだろう。

兵士のデジタル化とはいっても、全部隊をそのようにするにはカネも時間も掛かる。当初は特殊作戦群や西方普連、空挺団といった部隊から導入されていくのだろうが、ともあれ、日本版ランドウォリアーが自衛隊の戦術に変革をもたらすことは間違いないだろう。

103 私物がトレンド、普通科部隊の対ゲリ・コマ装備

「ゲリ・コマ」とは何やら汚い響きに感じるが、最近、自衛隊に関する書籍などでよく目にする語句である。このゲリ・コマ、ゲリラ・コマンドゥの略であり、日本語でいうと

ころの遊撃行動に任ずる部隊や特殊部隊の総称である。

冷戦構造の崩壊により、外国軍による大規模着上陸侵攻の可能性は減少したが、その代りに敵の特殊部隊による隠密潜入の可能性が増大しつつある。これは、工作船事案の例を挙げるまでもなく、北朝鮮が世界一の特殊部隊大国であることと、小型でレーダーによる探知が極めて困難なＡｎ-２を多数保有していることからもおわかりであろう。

何しろ、北朝鮮は特殊部隊を旅団・師団という戦略単位でいくつも有しているのだ。朝鮮人民軍では、偵察局とか軽歩兵という名称を用いているが、歩兵どころではない。部隊の性格上からいえば、米軍のレンジャー部隊に近い。そして、彼らの過酷な訓練内容と高い能力からすれば、英軍特殊部隊のＳＡＳも真っ青といえよう。それらが、わが国の漁船に偽装した工作船やＡｎ-２で浸透作戦を実施すれば、容易に我が国土に侵入できるに違いないからである。なぜなら、侵攻側は着上陸地点を自由に選べるばかりか、上陸適地の選定に困ることのない四面環海のわが国のこと、ゲリ・コマ対処は弾道ミサイル防衛と並ぶ最重要課題といってよいだろう。

わが国は、地政学的には多数の島嶼からなる「島国家」である。離島防衛とその奪回作戦のため、西部方面普通科連隊が新編されたのも記憶に新しい。その西方普連のみならず、今や自衛隊のすべてがゲリ・コマ対処を重視するようになったといってよい。自衛隊も、いわゆる低強度紛争への対処を、真剣に考えなければならない時代となったのだ。

では、その主役である普通科部隊の装備とは、一体どのような物なのか。最近やっと配備されだした対人狙撃銃などの武器や個人用暗視装置や、レーザーサイトやダットサイトなどの照準具といった器材は当然ながら官品であるし、隊員個人が使用する物ではあるが部隊が一括管理する物である。

これに対し、本項でいうところの対ゲリ・コマ装備とは、隊員個人が自費で購入する私物と部隊が一括調達する市販品の装具のことである。そのほとんどは、各国の特殊部隊での採用実績があるイーグル社やブラックホーク社などの製品である。

まず、身体の上からいえば目を保護するための防塵眼鏡、つまりゴーグルである。官品のゴーグルも存在するのだが、より曇りにくい市販品の方が好評である。そして、肘や膝を保護するエルボーパッドとニーパッド。これは官品が存在しないので、部隊が市販品を一括調達するしかない。自衛隊でＣＱＢ（近接戦闘）の訓練をするようになって、まだたかだか十数年と日が浅いが、レッグ・ホルスター（タクティカル・ホルスター）も今や必須アイテムとなった。これも官品が存在しないので、もちろん市販品である。全国の普通科部隊では、サファリランド社の６００４というタクティカル・

ホルスターや、ブラックホーク社などの私物品も使われている。

一方、迷彩2型の八角型戦闘帽を被っているイケメンの隊員は、筆者と同じ中隊に所属する即応予備自衛官である。彼の場合は、身に付けているすべてが市販の私物品だ。連隊の検閲などでは、部隊が統制して官品オンリーの使用となるが、小隊や分隊レベルの訓練では私物の被服・装具の使用も、連隊長など現場指揮官の裁量によって、ある程度認められている。なぜなら、官品は各人の定数も最低限の数量しかないし、種類が豊富というわけでもない。外国軍が装備しているタクティカル・ホルスターや、ハイドレーション・バッグと呼ばれる、背負うタイプの袋状水筒も官品には存在しないのだ。そこで、自衛官は私物品を購入することで、官品の数と種類を補っているのである。

しかし、部隊や指揮官によっては「一切まかりならん！」という場合もあるだろう。何しろ、平成二二年（二〇一〇）の陸幕（陸上幕僚監部）通達という文書で「基本的に私物はNG（特に、戦闘服など）」となってしまったからだ。かつて、OD作業服だった時代、ノー・アイロン仕様の私物を着用していた隊員が訓練中に火ダルマとなった事故が起きた。そして、歴史は繰り返すというべきか、迷彩2型の私物戦闘服を着た隊員が、やはり訓練中に全身に火傷を負い重傷となった。

迷彩２型の八角型戦闘帽を被った、筆者と同じ中隊に所属する即応予備自衛官。彼が身に付けている装備品はすべて市販の私物品である。

一方で、官品の戦闘服は難燃素材でできているから、六〇〇℃の炎が触れても約12秒間であれば、着用者を防護することができる。これに対して、私物戦闘服はノー・アイロン仕様だったり、化学繊維の比率が高かったりして、官品よりも燃えやすいのだ。訓練中の事故において、私物の戦闘服を着用していたことが原因であったとしたら、公務災害の認定をするわけにはいかないから、「私物を使ってはいかん！」とななる。

また、屋内において死角の安全確認をするためのフレキシブル・ミラーやペリスコープ（いわゆる潜望鏡）、ファイバー・スコープといった小物も市販品である。ただ、個人用暗視装置や照準具といったような官品のバックアップ用予備として、大枚をはたいて私物を用意している隊員もいる。規模の大きな駐屯地のＰＸともなると、ゴーグルはもちろん、ハッチ社のエルボーパッドやニーパッドも販売しているようである。さすがに米軍の暗視装置ＡＮ／ＰＶＳ-14は販売していないが、タスコ社の製品なら取扱っているようだ。

このように、自衛隊が低強度紛争にも真剣に取り組まざるを得なくなったのはつい最近のことであって、わが国独自の使い勝手がよい対ゲリ・コマ装備が官品として登場するのは、まだまだ先のようである。

104　イラク派遣復興支援群の被服および装具と砂漠迷彩

一九六九年、月への第一歩を印した米国アポロ11号の宇宙飛行士、ニール・アームストロングは「この一歩は小さな一歩だが、人類にとって偉大で大きな一歩である」と述べた。平成一六年（二〇〇四）二月、陸上自衛隊もイラクの土を踏み、その第一歩を印した。その第一歩が偉大な業績であるかどうかは後世に判断を委ねるとして、この第一歩が自衛隊にとってはエポックメイキング的な一歩であったことは、疑うことなき事実であろう。

従来からわが国の軍事・防衛についての関心は、戦車や戦闘機・護衛艦といった正面装備、つまり第一線で直接戦闘に関わる兵器などにのみ向けられてきたといっても過言ではない。イラク派遣に係る報道においても、この傾向は顕著であり、隊員が携行する小銃や対戦車火器・軽装甲機動車といった類いは、軍事マニアのみならず各種メディアも注目し、こぞって取り上げられていた。

しかし、防弾チョッキなど、隊員の生命を守る重要な装備に注目したメディアがどれほど存在したであろうか？　ゴーグルや砂漠仕様の半長靴といった、現地の過酷な自然環境から隊員を防護する個人装備を紹介するような報道は、筆者の知る限りでは一部を除き皆無に等しかった。

従来のＰＫＯが停戦後の地域で活動してきたのに対し、今回のイラク派遣は、事実上戦地への派遣に等しい。もちろん、サマワはイラク特別措置法における「非戦闘地域」ではあるが、武装勢力からの襲撃もあり得ないことではない。そして、イラクの気候・風土という過酷な自然環境も、隊員にとって「敵」となる。

では、これらの脅威から隊員の生命を守る重要な装備とは、どのような物であろうか。そこで、本項においてはイラク派遣復興支援群の隊員が着用する被服・装具について述べてみたい。

まず、その被服・装具で目を引くのは「防弾チョッキ」である。従来、自衛隊が装備してきた「戦闘防弾チョッキ」は、主として手榴弾・砲弾などの破片やせいぜい小口径の拳銃弾からしか身体を防護できない物であった。それに対してこのイラク仕様の防弾チョッキ、前後に追加装甲プレートを装着すれば小銃弾の貫徹をも防げるという(「戦闘防弾チョッキ2型」は、2015年現在では旧型となってしまったが、イラク派遣当時は最新型であった)。

一見して、米軍のインターセプター・ボディーアーマーに似たデザインであるが、その細部は多少異なっているよう。防弾チョッキの前面および背面には、インターセプター同様に弾入れポーチを取り付けるナイロン製のウェビング・テープが縫い付けられている。これを利用して、「懸ちょうピン」いわゆるアリス・キーパーと呼ばれる金具で取り付けるわけである。しかし、その幅と縫い付け間隔、縫い付けられた本数などは「本家」とは異なっている。さらに、丈も長目である。

当初、「戦闘防弾チョッキ2型」は、平成七年(一九九五年)に海外で国際貢献活動を行う部隊のために装備化されたものだった。ゴラン高原派遣のPKO部隊から優先的に配備が始まったことから、通称UNDOF(アンドフ)型と呼ばれた。重量は約四キログラムだが、前後にセラミックス製のプレートを入れることによって、小銃弾の貫徹も防ぐことができる。ただし、重量は合計で一二キログラムと、一気に重くなるのが欠点だ。

それ以前には、平成五年(一九九三年)に自衛隊初のPKOとして、カンボジアに部隊が派遣された際、UNTAC(アンタック)型と通称された防弾チョッキがあった。これは、初代の戦闘防弾チョッキよりはマシだが、いかにも「応急的」な代物であった。

現在では、イラク派遣部隊が装備していた「2型」も一般の普通科部隊に行き渡り、後継として米軍のIOTVボディアーマーに似た、プレートキャリア風の「3型」が登場している。この戦闘防弾チョッキ3型も、栃木県宇都宮市に駐屯する「中央即応連隊」などの普通科部隊で使用されているのだが、早くも改良型(「戦闘防弾チョッキ3型(改)」)が調達されるようだ。

次に注目すべきは砂漠仕様の半長靴であろう。こちらも米軍のデザート・ブーツを参考にしたようで、素材もそっくりである。そのデザインは戦闘靴が元となっているらしく、靴の内側にはゴム製でイボ状の突起が張られており、靴にたくし込んだズボンの裾がずり上がり、外に出てしまわぬようになっているのも同様である。

また、着用している新迷彩の戦闘服は、ＰＫＯでも使用された薄手の生地の物とほぼ同様らしく、報道写真では外観上の異なる点は見受けられない。この戦闘服にも近赤外偽装や難燃性が付与されているようである。

そして、89式小銃の負い紐も従来使用されてきた官品の物ではなく、ＣＱＢ用のいわゆる三点式スリングとなっている。これは、隊員が私物として購入した物ではなく、西方普連が部隊でまとめて業者に発注した物と同型のようだ。

また、隊員が88式鉄帽に装着している防塵眼鏡すなわちゴーグルはＥＳＳの物で、それとは別に私物と思われるサングラスを装着している隊員もいる。その多くは「ワイリーＸ」や「オークリー」などのブランド品で、米軍など諸外国の特殊部隊や歩兵部隊でも定評がある。それだけに、外国軍の使用実績があるわけだから、防護性能などの信頼性という面でお墨付きといえる。こういった目を保護するためのアイウエアは、何処の国でも官給品とは限らない。米軍は官給品がありながらも、予備として個人が2個も3個もサングラスを所持していたりする。また、兵士個人による好みを反映してか、米軍だけでなくカナダ軍やオーストラリア軍なども、私物品のサングラスであればブランドは問わないそうだ。

他にもレッグ・ホルスターなど、外国軍の特殊部隊員にも定評のあるイーグル社製の市販品の使用例が多い。これは、使い勝手や機能が優れていること、外国軍の特殊部隊による採用実績に官品よりも一日の長があるためであろう。

そして、最後に際立って目立つ国家標識、つまり「日の丸」である。これは刺繍のパッチではなく、夜光反射テープと同様の素材のようで、マジックテープにより脱着可能となっている。

わが国の自衛隊はＰＫＦ本体業務が凍結解除となり、多国籍軍に参加しているとはいえ、武装勢力掃討作戦などの治安任務に従事しているわけではない。あくまで復興支援が目的である。米英軍とは一線を画す意味もあって、このようにわざわざ砂漠で目立つ新迷彩の戦闘服、これまた大きく目立つ国家標識というスタイルで自衛隊を派遣したのではないだろうか、と筆者は思った」。

なお、平成二七年（二〇一五）、陸上自衛隊ではジブチ共和国に隊員を派遣した。海上自衛隊のＰ-３Ｃ派遣部隊が航空基地に常駐しているが、これを防護するため平成二一年（二〇〇九）から派遣されているものだ。このジブチ派遣部隊の隊員が着用するのが「砂漠迷彩戦闘服」だ。その迷彩パターンは、迷彩2型の色調を砂漠向けにしたもので、現地の風土にマッチしていると、隊員からも好評を博している。

105 世界に冠たる被服・装具開発のために

今まで記してきたように、自衛隊の被服・装具には、弾帯に限らず、少なからず不具合があるものが多いことも事実である。その不具合を解消するためにも、速やかなる改善が望ましいのは当然だ。しかし、まったく新しい物に変えろというのではなく、少々の改善で済むことなのに一向に改善されない物も多いというのはどういうわけであろうか？

担当者にいわせると、技術的あるいは予算的制約もあるというだろうが、それは言い訳にすぎない。筆者とて、たいした経験もないが、自衛隊における兵站の現場を肌で体感した一人である。少なくとも筆者の周囲では、わが国の兵站に殉ずるといった気概や熱意が感じられなかった。だから、「補給屋は技術屋に口出しするな、補給のことだけ考えていればよいのだ」とか「米国の開発した物に間違いはないだろうから、これと似た物を作ろう」的な発想や「事なかれ主義」から脱却できない限り、世界に伍する被服・装具は永久に開発し得ないだろう。

それはなぜか？　筆者は、技術や予算云々よりも何よりも、担当者らの意識に起因するものであると考える。自衛隊において、被服・装具に限らず装備を改善するという場合、現在でも良好な物をよりよくするための改善というより、不具合是正のための改善であることが多い。

つまり、改善するということは、開発担当者自ら欠陥を認めたようなものである。そして、その制定権者は欠陥品を採用したという事実を認めたくない、則ち失敗を認めたくないという意識が根底にあるのではないだろうか。

だから、米軍より所帯の小さな自衛隊が小回りが効かず、いつまでも欠陥品を調達し続け改善されないことになるのだ。それは、弾帯に限らずもっと高価な装備品についても同様であり、この体質が、自衛隊という組織のあらゆる面で国民の血税を無駄にし、現場の隊員に苦労を掛けているのである。

では、現状では、現場の隊員が満足するに足る優れた被服・装具は開発し得ないのだろうか？　否、筆者は、担当者がもっと現場で活躍する隊員の身になって、本気で取り組んで行けば、諸外国の被服・装具にも負けない素晴らしい物が出現するものと期待している。

参考文献

『陸上自衛隊服装参考集』陸上幕僚監部人事部監修（朝雲新聞社）
『波乱の半世紀 陸上自衛隊の50年』（朝雲新聞社）
『全日本銃剣道連盟四十年史』全日本銃剣道連盟編
『婦人自衛官（看護）30年史』婦人自衛官30年史編纂委員会
『花のWAFよもやま物語（正・続編）』池田孝子著（光人社）
『極秘捜査』麻生幾著（文藝春秋）
『八甲田山 死の彷徨』新田次郎著（新潮社）
『空挺部隊写真集』全日本空挺同志会編（戦史刊行会）
『防衛庁戦史業書（各巻）』防衛研究所戦史部編（朝雲新聞社）
『陸軍軍服変遷図譜』柴田鉦三郎編
『軍服変遷史』柴田鉦三郎著（学陽書房）
『日本の軍服』太田臨一郎著（国書刊行会）
『図鑑 日本の軍装（上・下巻）』笹間良彦著（雄山閣出版）
『50年目の日本陸軍入門』歴史探検隊編（文藝春秋）
防衛庁広報誌『月刊防衛アンテナ及び月刊セキュリタリアン』

著者略歴

あかぎひろゆき

昭和60年（1985）3月、陸上自衛隊第5普通科連隊　新隊員教育隊（青森）に入隊。東北方面飛行隊にて観測ヘリコプターOH-6および連絡偵察機LR-1の整備、武器係陸曹として小火器の整備などに携わる。その後、武器補給処航空部（霞ヶ浦）、補給統制本部（十条）、関東補給処航空部（霞ヶ浦）に勤務し、平成15年に二等陸曹で依願退職。翌年に予備自衛官となり、平成19年から第31普通科連隊所属の即応予備自衛官として召集訓練に励む。また、つくば戦略研究所（所長・かのよしのり）にて、主任研究員も務めている。

著書に『40文字でわかる　銃の常識・非常識』『戦車男入門』『40字要約でわかる兵器の常識・非常識』（小社）、『世界最強兵器TOP145』（遊タイム出版）、『歩兵装備完全ファイル』『自衛隊戦力分析』（笠倉出版）、『世界の最強特殊部TOP45』（ユナイテッド・ブックス）がある。

※本書は、光人社から発行された『自衛隊ユニフォームと装備100!　』に加筆アップデートして再編集を行ない、改題した内容になります。

元自衛官しか知らない 自衛隊装備の裏話

2016年5月1日　初刷発行
2019年5月27日　二刷発行

著者　あかぎひろゆき

表紙デザイン　長島亜希子
表紙写真　陸上自衛隊
写真提供　航空自衛隊、海上自衛隊、陸上自衛隊、アメリカ空軍、アメリカ海軍、アメリカ陸軍

発行者　松本善裕
発行所　株式会社パンダ・パブリッシング
〒111-0053　東京都台東区浅草橋5-8-11　大富ビル2F
http://panda-publishing.co.jp/
電話／03-6869-1318
メール／info@panda-publishing.co.jp